F #* %
SI SONO
OCCUPATO

DISTENSIONE EDIZIONE DEL LIBRO DI COLORITURA

Coloring Bandit

Copyright © 2017 by Coloring Bandit
Tutti i diritti riservati.

Nessuna parte di questo testo può essere riprodotta
o utilizzata in qualsiasi modo o forma o mediante
qualsiasi mezzo elettronico o meccanico. Ciò significa
che non è possibile registrare o fotocopiare alcuna idea
o suggerimento contenuti in questo testo.

Pubblicato da Speedy Publishing Canada Limited

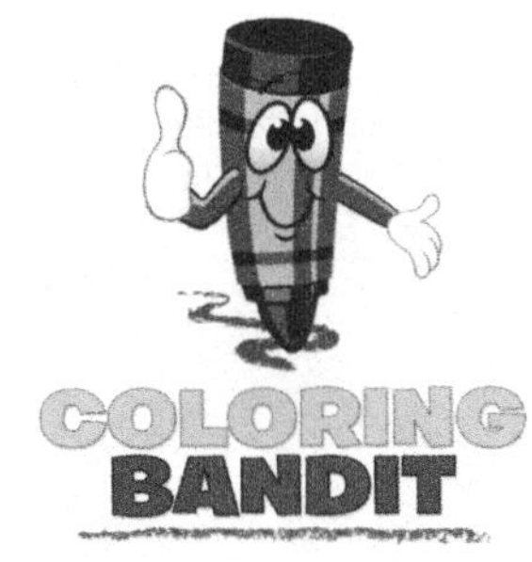

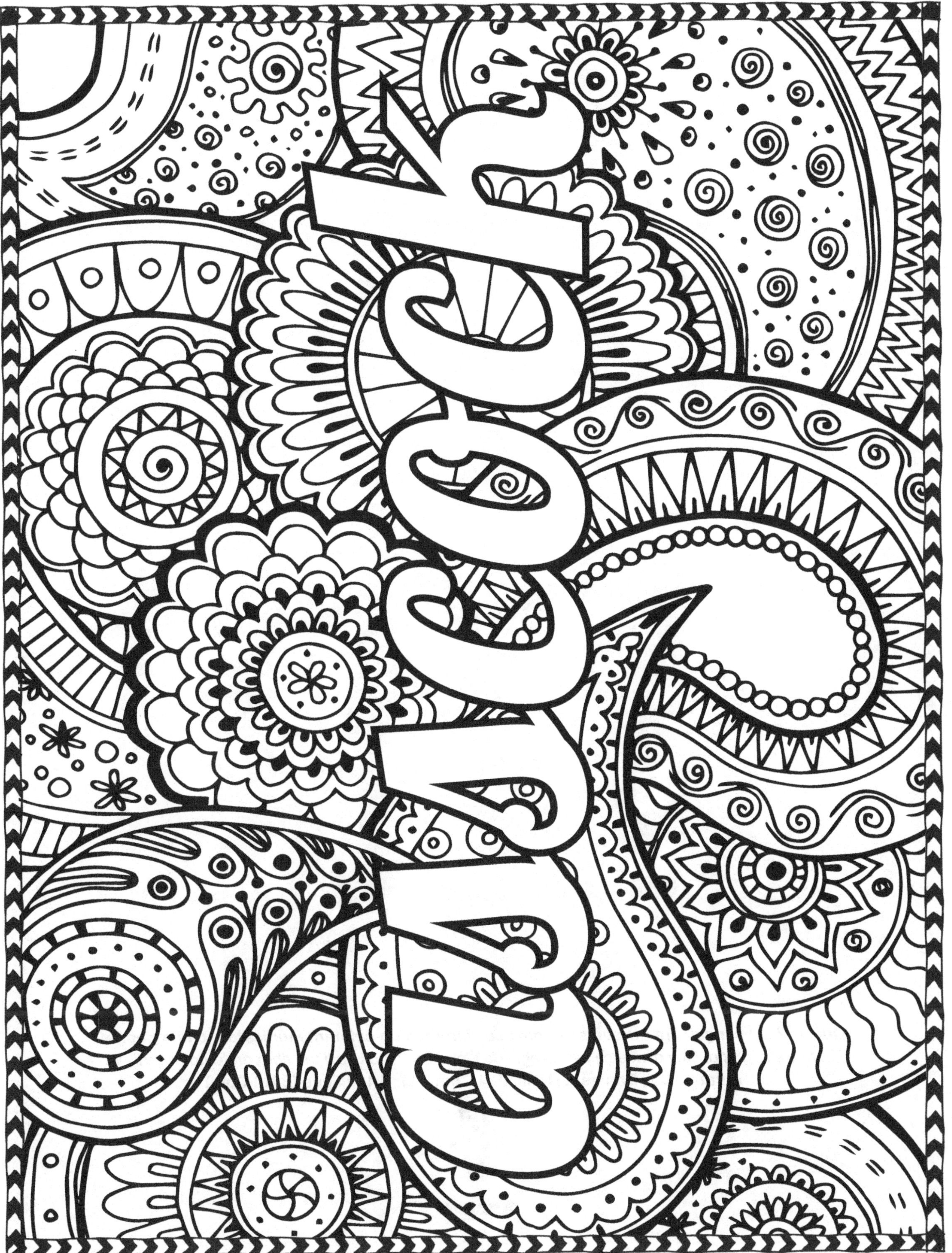
FUCK YOU

Questo è un sanguinare attraverso pagina se si utilizza un colorante indicatore o una penna!
Trovare altri grandi titoli di ricerca per disegni da Colorare Bandit *su Il tuo libro preferito rivenditore*
Amazon.Ca | Barnes & Noble (BN.Com) | Libri 1 Milione (BAM.Com)

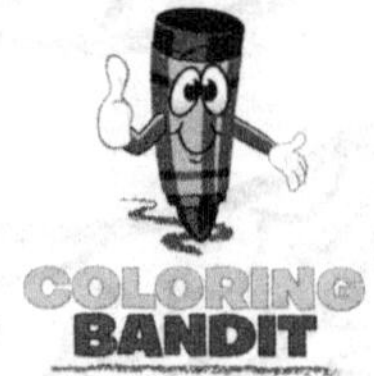

COLORING
BANDIT

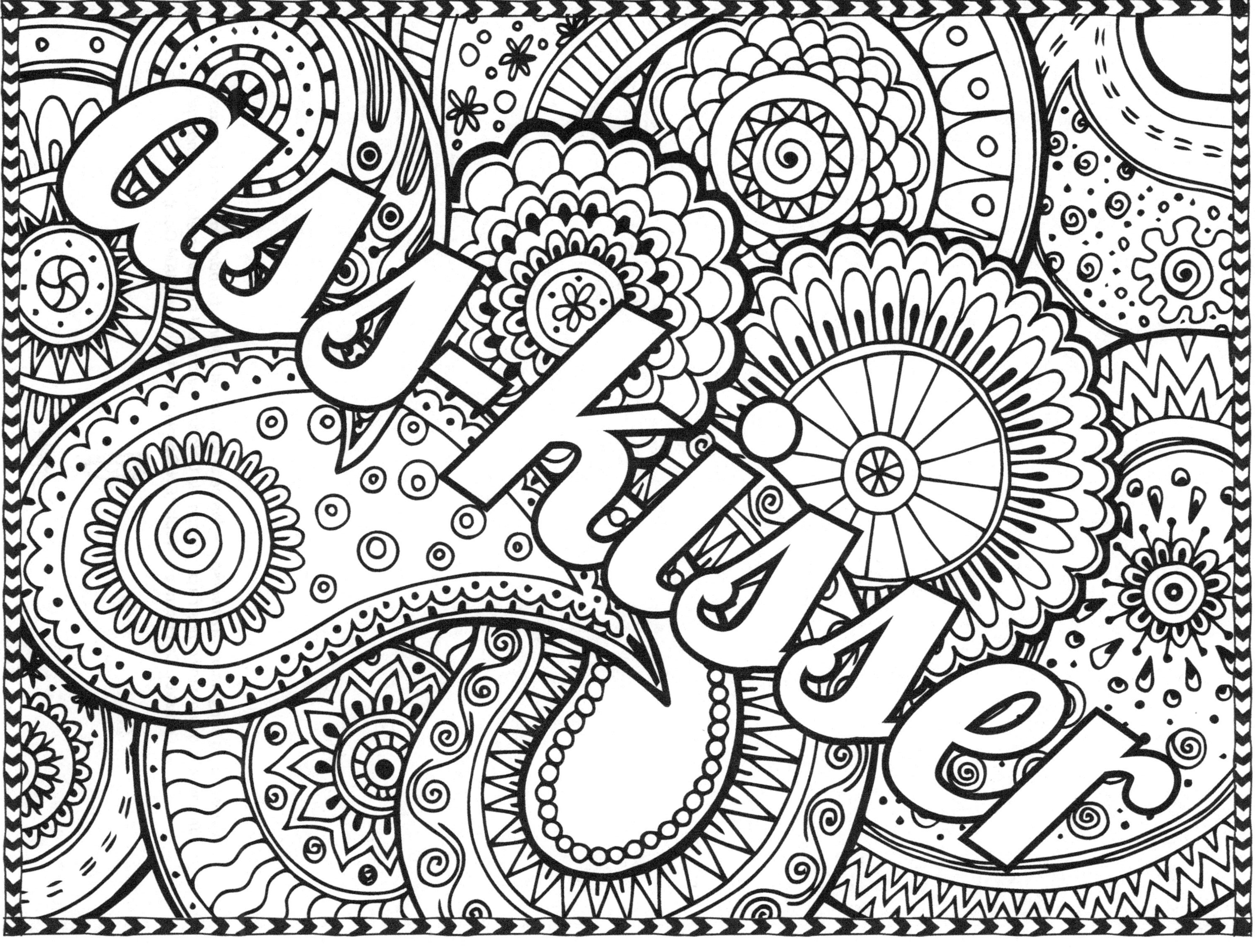
asskisser

Questo è un sanguinare attraverso pagina se si utilizza un colorante indicatore o una penna!

Trovare altri grandi titoli di ricerca per disegni da Colorare Bandit su Il tuo libro preferito rivenditore

Amazon.Ca | Barnes & Noble (BN.Com) | Libri 1 Milione (BAM.Com)

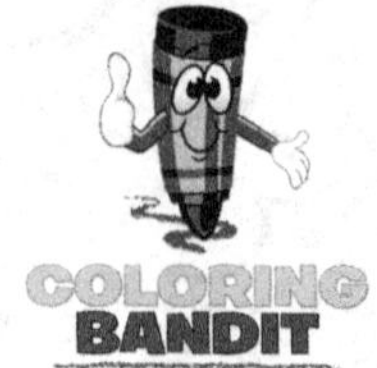

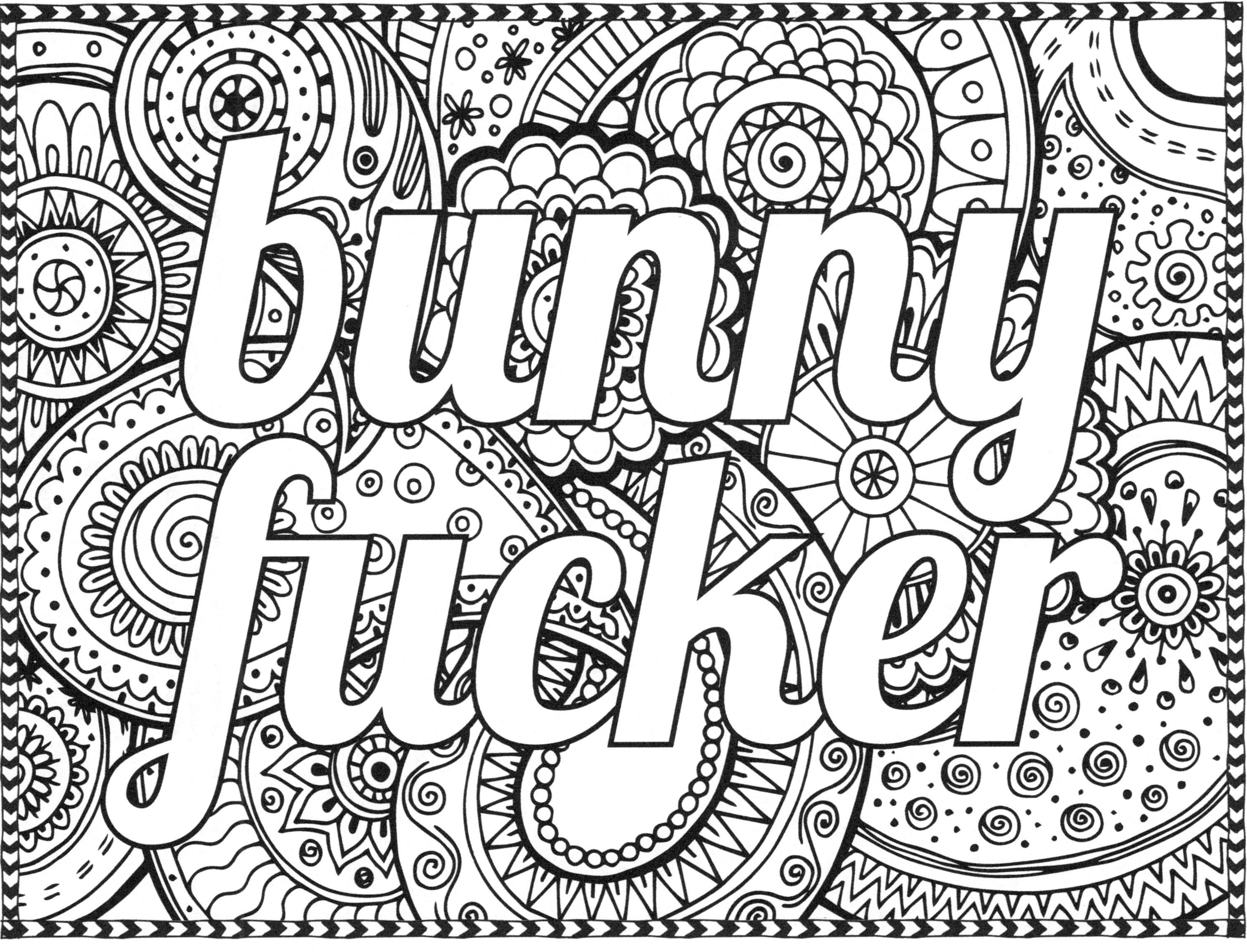
bunny
fucker

Questo è un sanguinare attraverso pagina se si utilizza un colorante indicatore o una penna!
Trovare altri grandi titoli di ricerca per disegni da _Colorare Bandit_ su Il tuo libro preferito rivenditore
Amazon.Ca | Barnes & Noble (BN.Com) | Libri 1 Milione (BAM.Com)

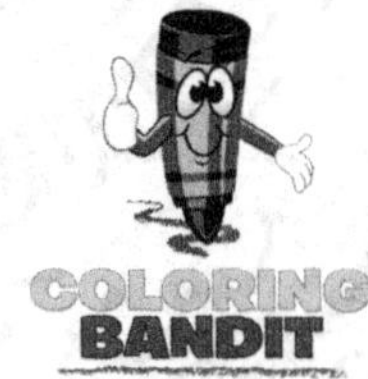

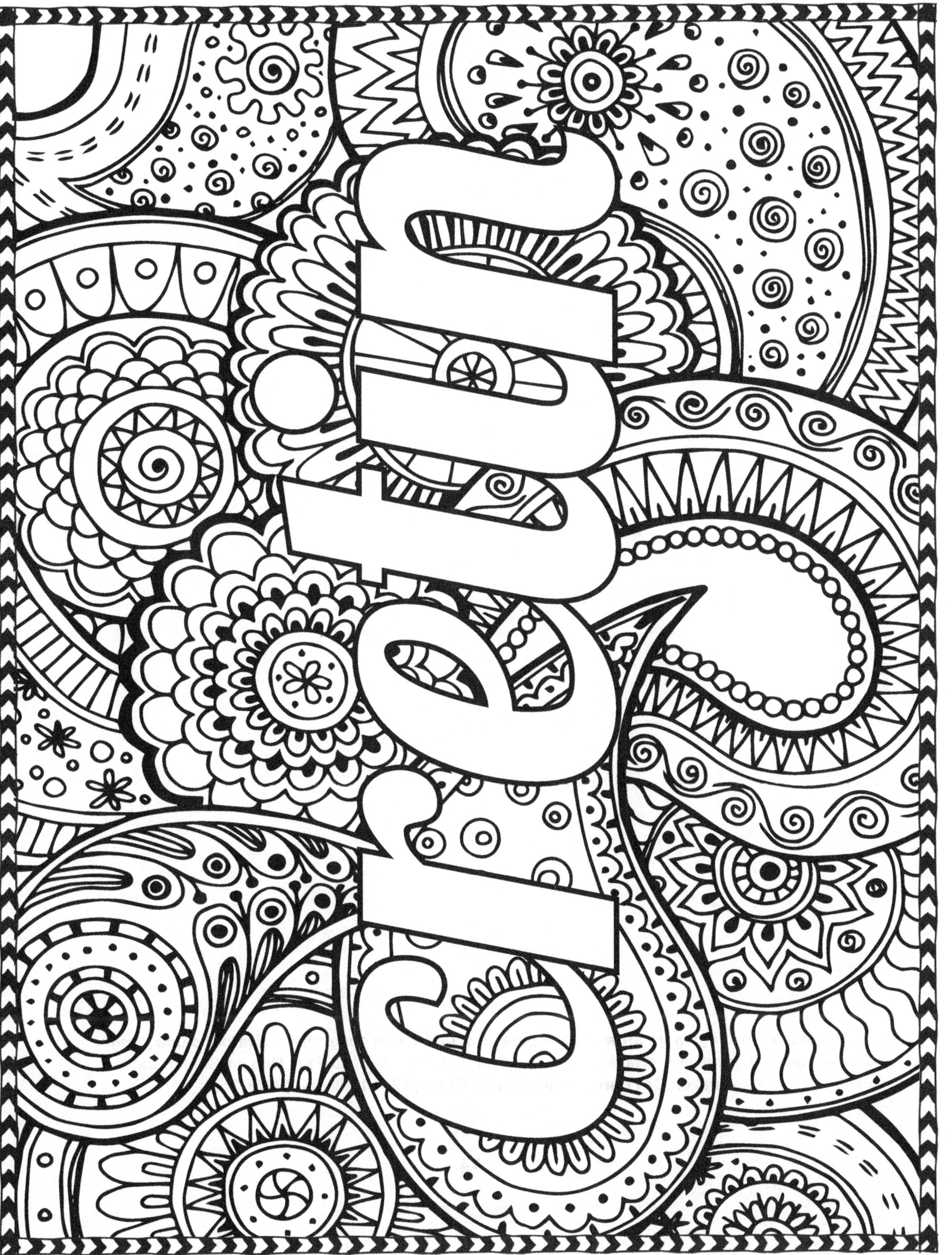

Questo è un sanguinare attraverso pagina se si utilizza un colorante indicatore o una penna!

Trovare altri grandi titoli di ricerca per disegni da Colorare Bandit su Il tuo libro preferito rivenditore

Amazon.Ca | Barnes & Noble (BN.Com) | Libri 1 Milione (BAM.Com)

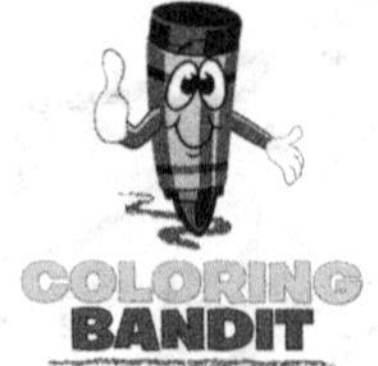

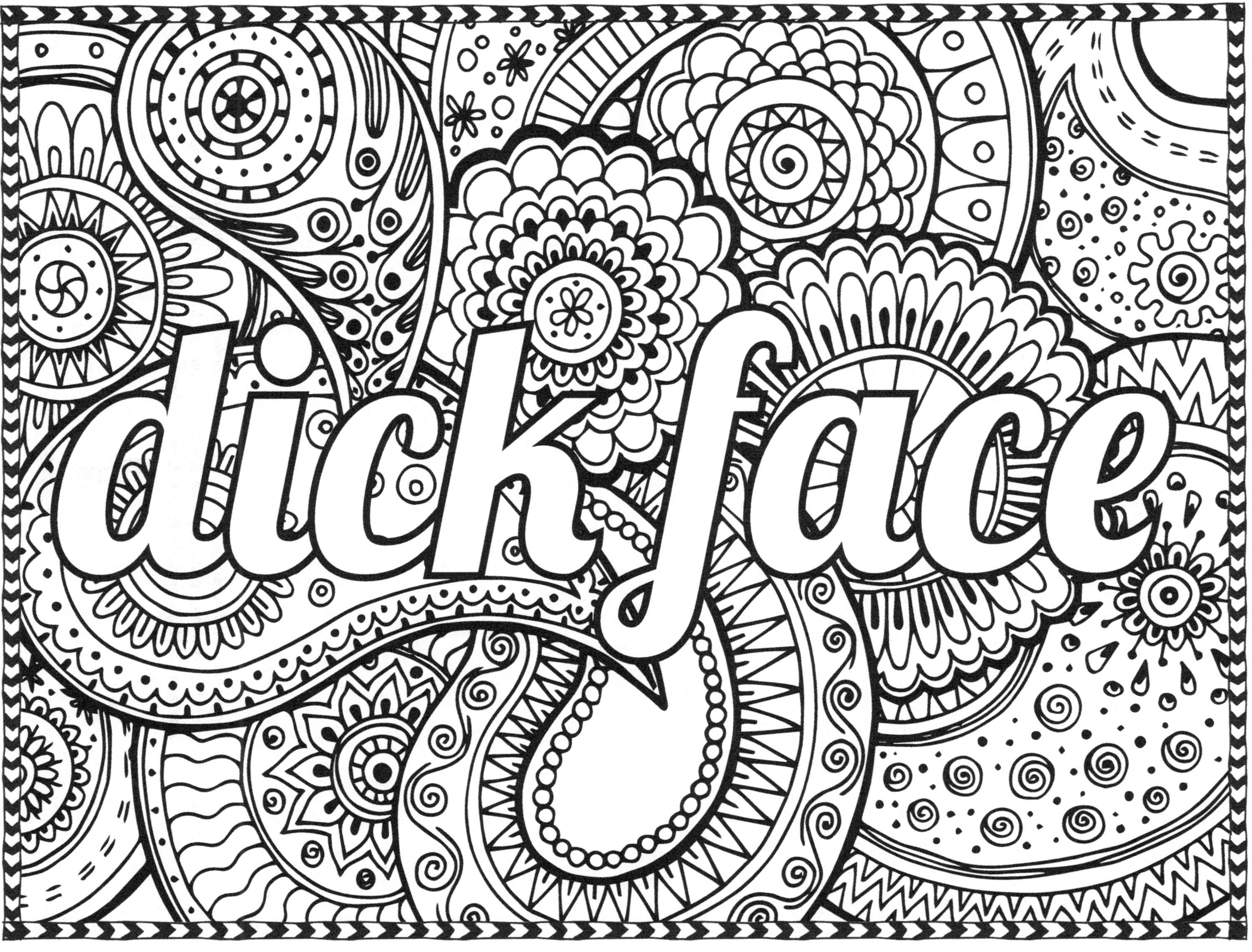
dick face

Questo è un sanguinare attraverso pagina se si utilizza un colorante indicatore o una penna!
Trovare altri grandi titoli di ricerca per disegni da Colorare Bandit su Il tuo libro preferito rivenditore
Amazon.Ca | Barnes & Noble (BN.Com) | Libri 1 Milione (BAM.Com)

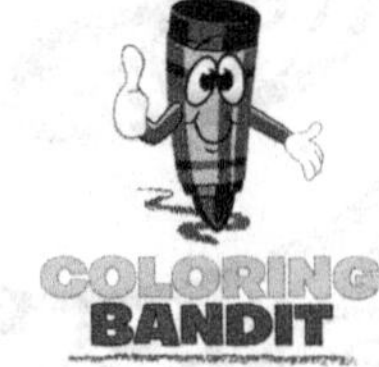

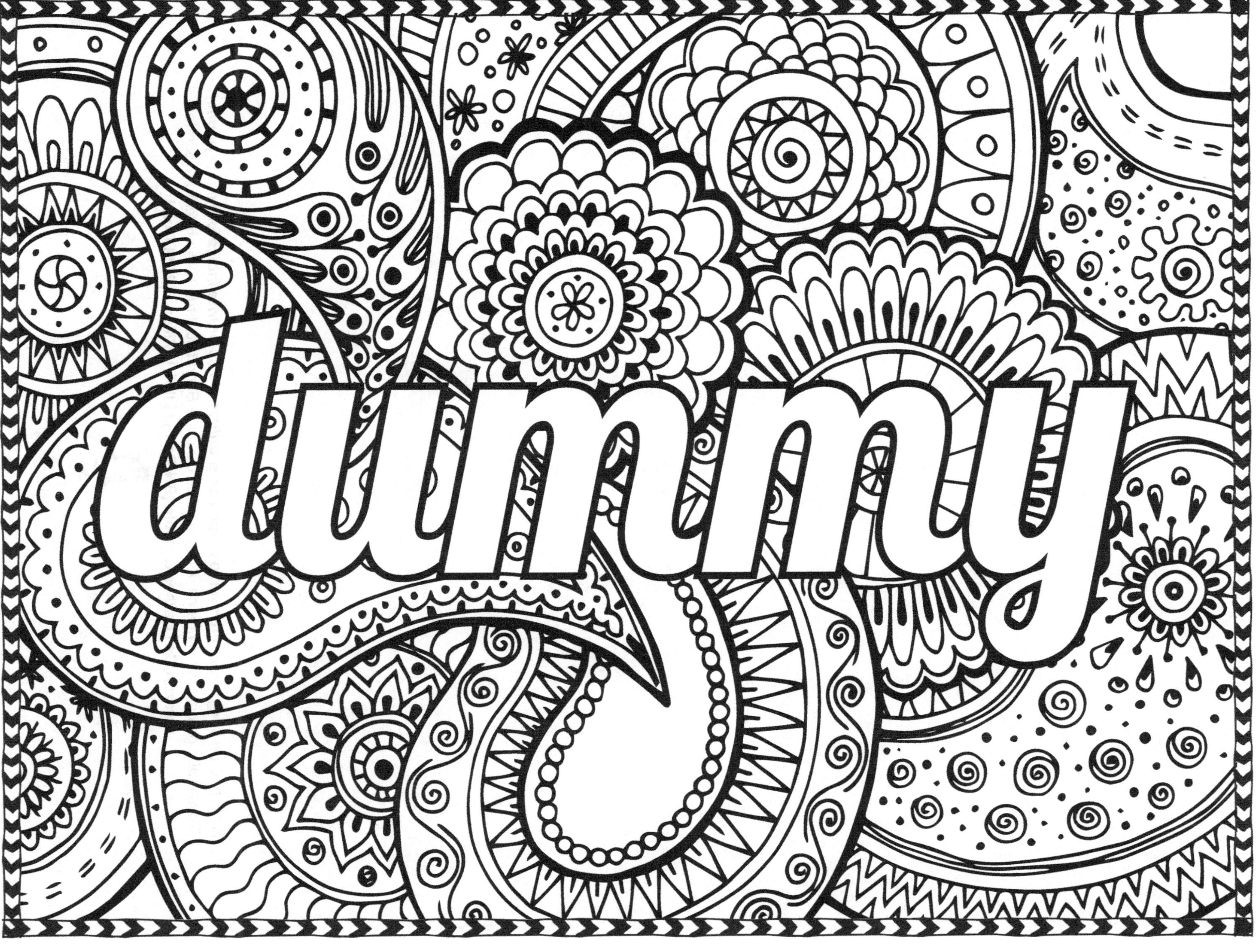
dummy

Questo è un sanguinare attraverso pagina se si utilizza un colorante indicatore o una penna!

Trovare altri grandi titoli di ricerca per disegni da Colorare Bandit su Il tuo libro preferito rivenditore

Amazon.Ca | Barnes & Noble (BN.Com) | Libri 1 Milione (BAM.Com)

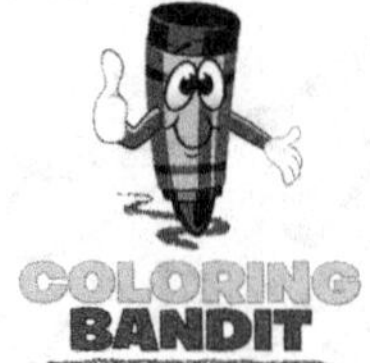

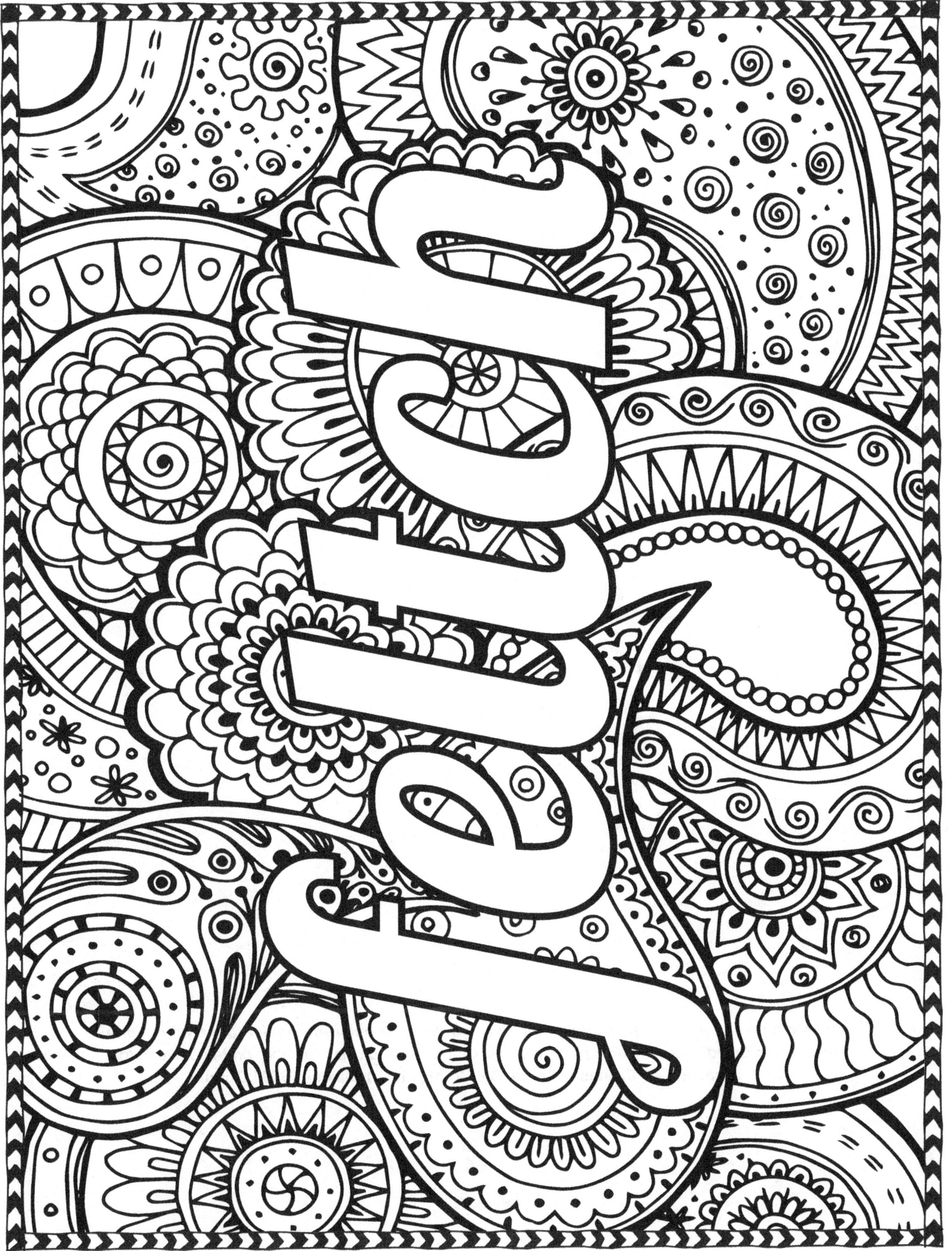

Questo è un sanguinare attraverso pagina se si utilizza un colorante indicatore o una penna!
Trovare altri grandi titoli di ricerca per disegni da <u>Colorare Bandit</u> su Il tuo libro preferito rivenditore
Amazon.Ca | Barnes & Noble (BN.Com) | Libri 1 Milione (BAM.Com)

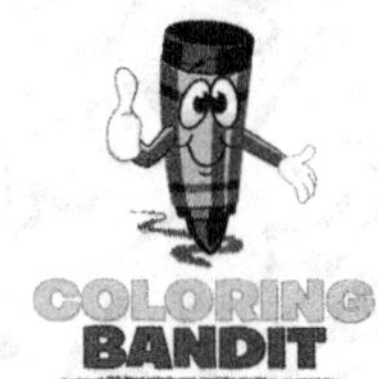

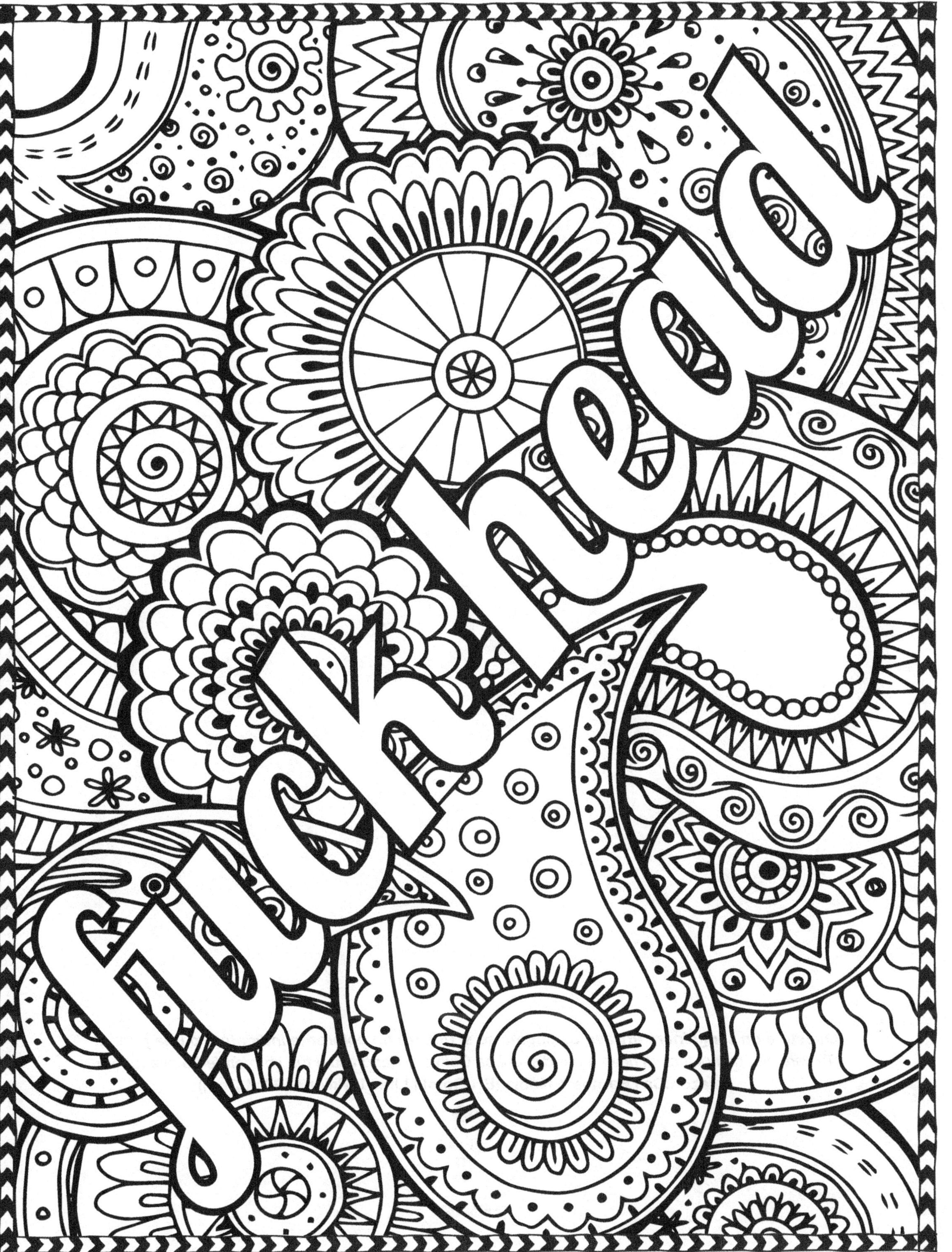

fuckhead

Questo è un sanguinare attraverso pagina se si utilizza un colorante indicatore o una penna!

Trovare altri grandi titoli di ricerca per disegni da Colorare Bandit *su Il tuo libro preferito rivenditore*

Amazon.Ca | Barnes & Noble (BN.Com) | Libri 1 Milione (BAM.Com)

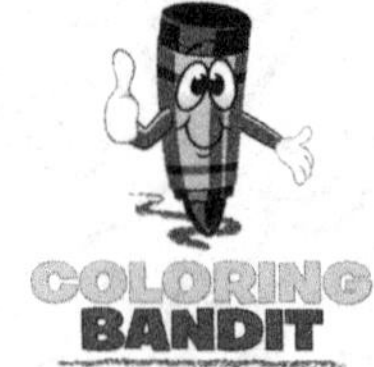

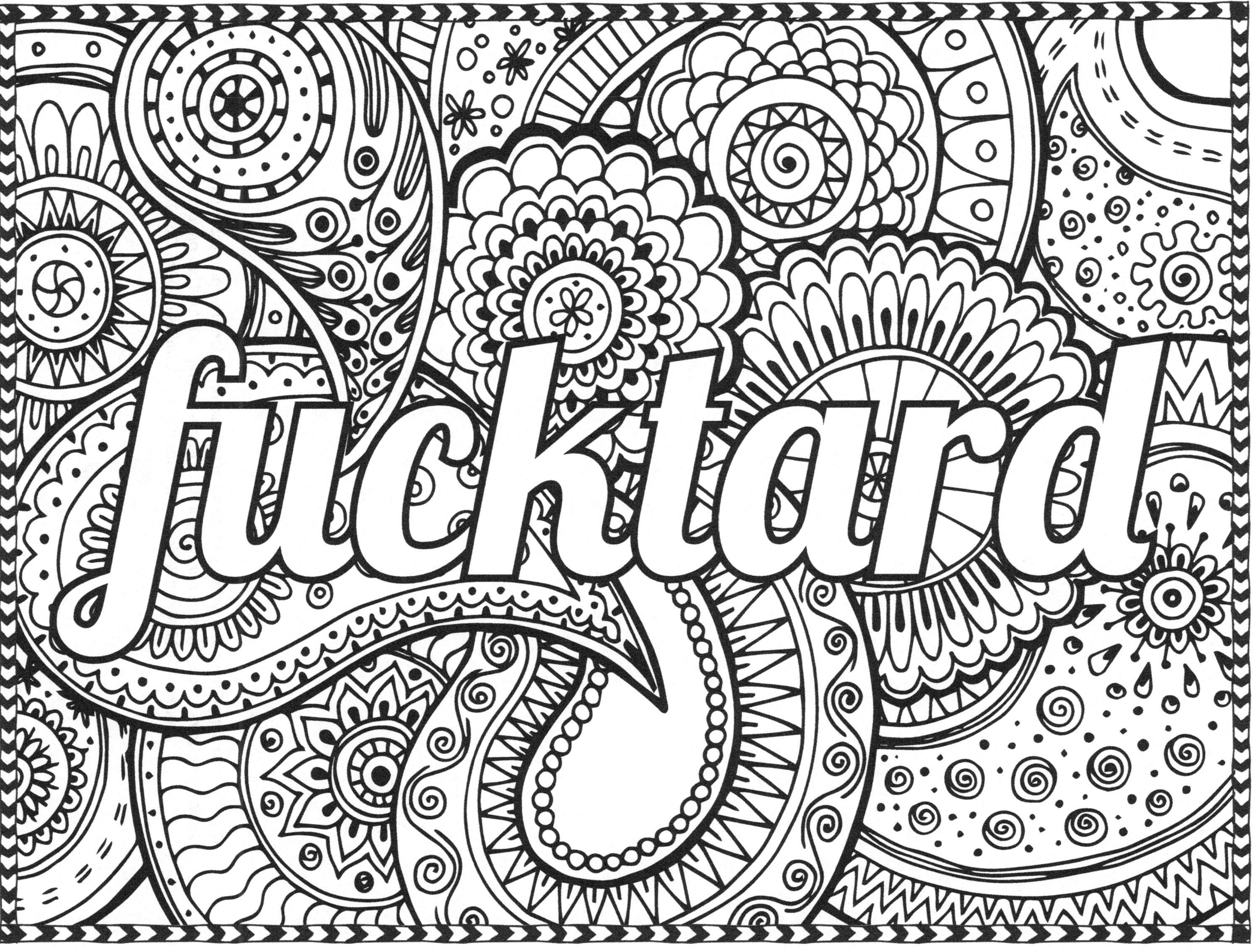
fucktard

Questo è un sanguinare attraverso pagina se si utilizza un colorante indicatore o una penna!
Trovare altri grandi titoli di ricerca per disegni da *Colorare Bandit* su Il tuo libro preferito rivenditore
Amazon.Ca | Barnes & Noble (BN.Com) | Libri 1 Milione (BAM.Com)

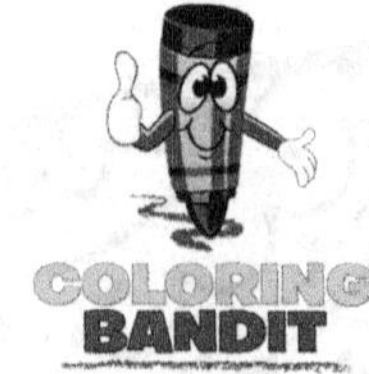

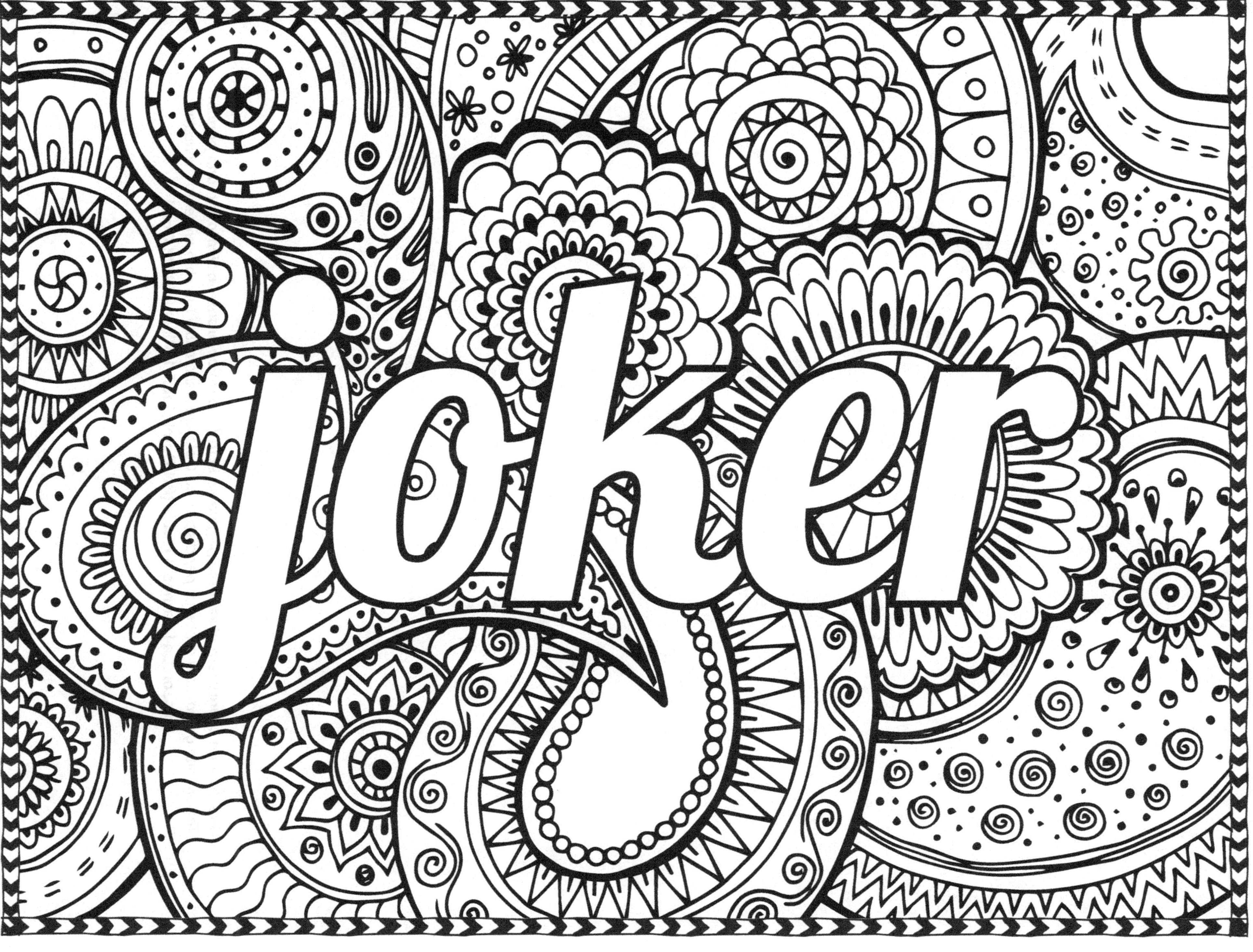

joker

Questo è un sanguinare attraverso pagina se si utilizza un colorante indicatore o una penna!
Trovare altri grandi titoli di ricerca per disegni da Colorare Bandit su Il tuo libro preferito rivenditore
Amazon.Ca | Barnes & Noble (BN.Com) | Libri 1 Milione (BAM.Com)

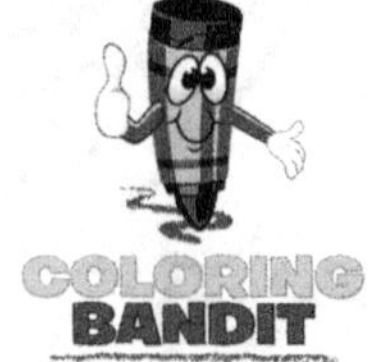

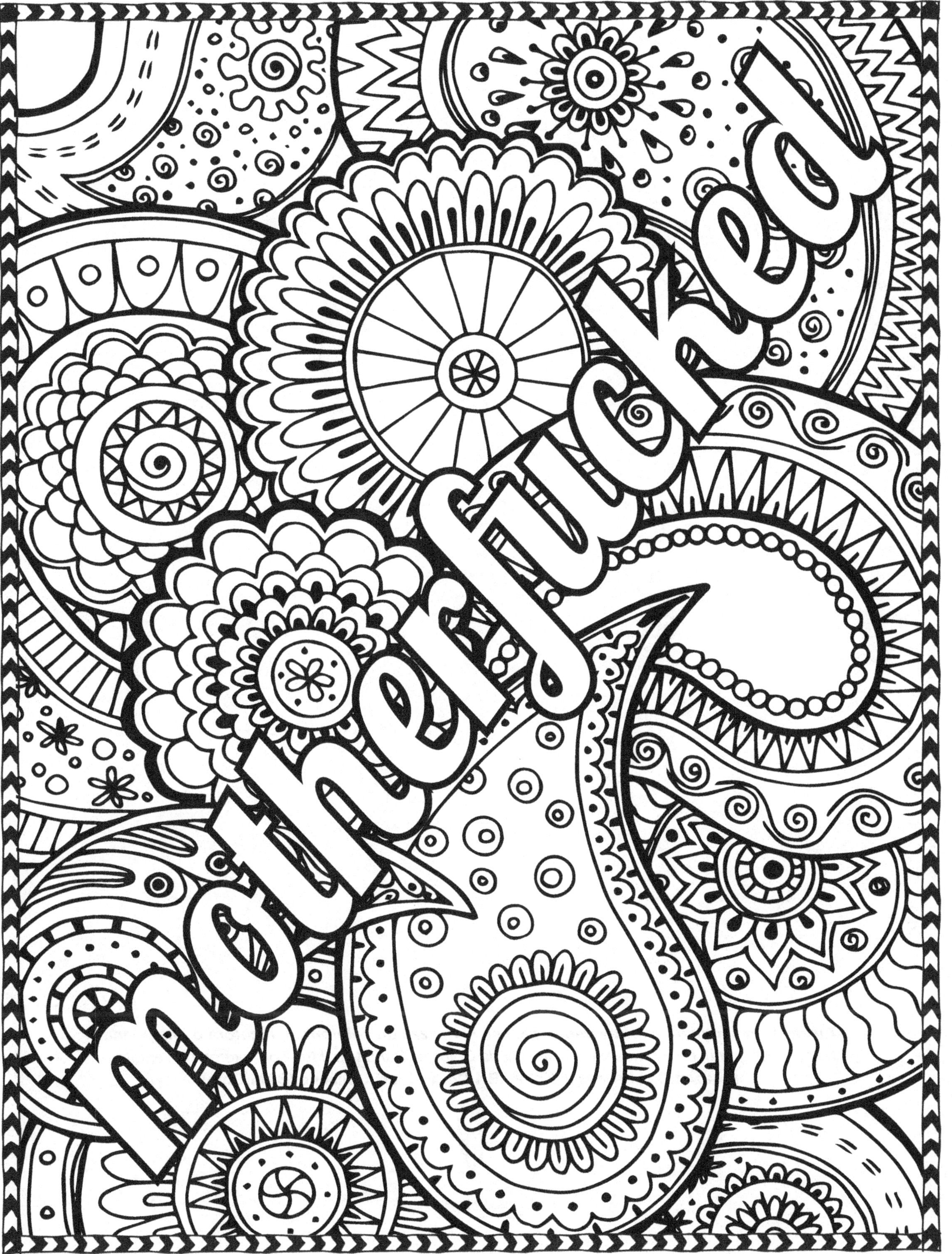
motherfucked

Questo è un sanguinare attraverso pagina se si utilizza un colorante indicatore o una penna!
Trovare altri grandi titoli di ricerca per disegni da _Colorare Bandit_ su Il tuo libro preferito rivenditore
Amazon.Ca | Barnes & Noble (BN.Com) | Libri 1 Milione (BAM.Com)

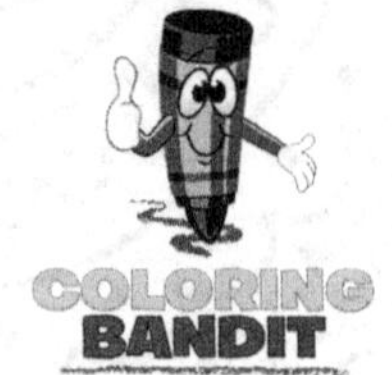

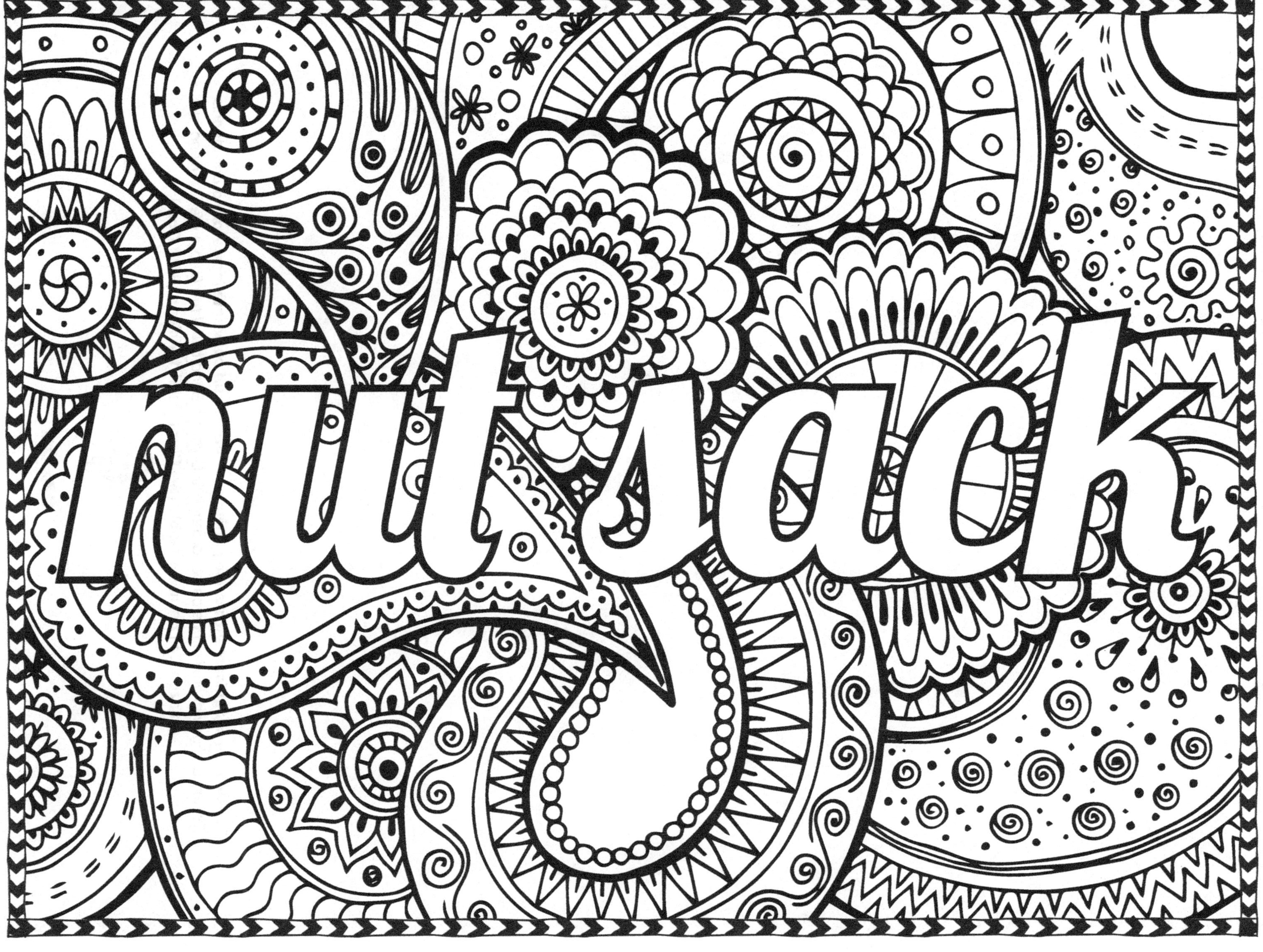
nut sack

Questo è un sanguinare attraverso pagina se si utilizza un colorante indicatore o una penna!
Trovare altri grandi titoli di ricerca per disegni da *Colorare Bandit* su Il tuo libro preferito rivenditore
Amazon.Ca | Barnes & Noble (BN.Com) | Libri 1 Milione (BAM.Com)

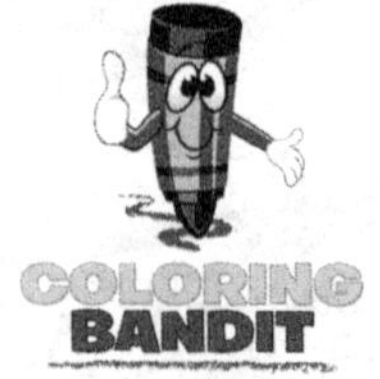

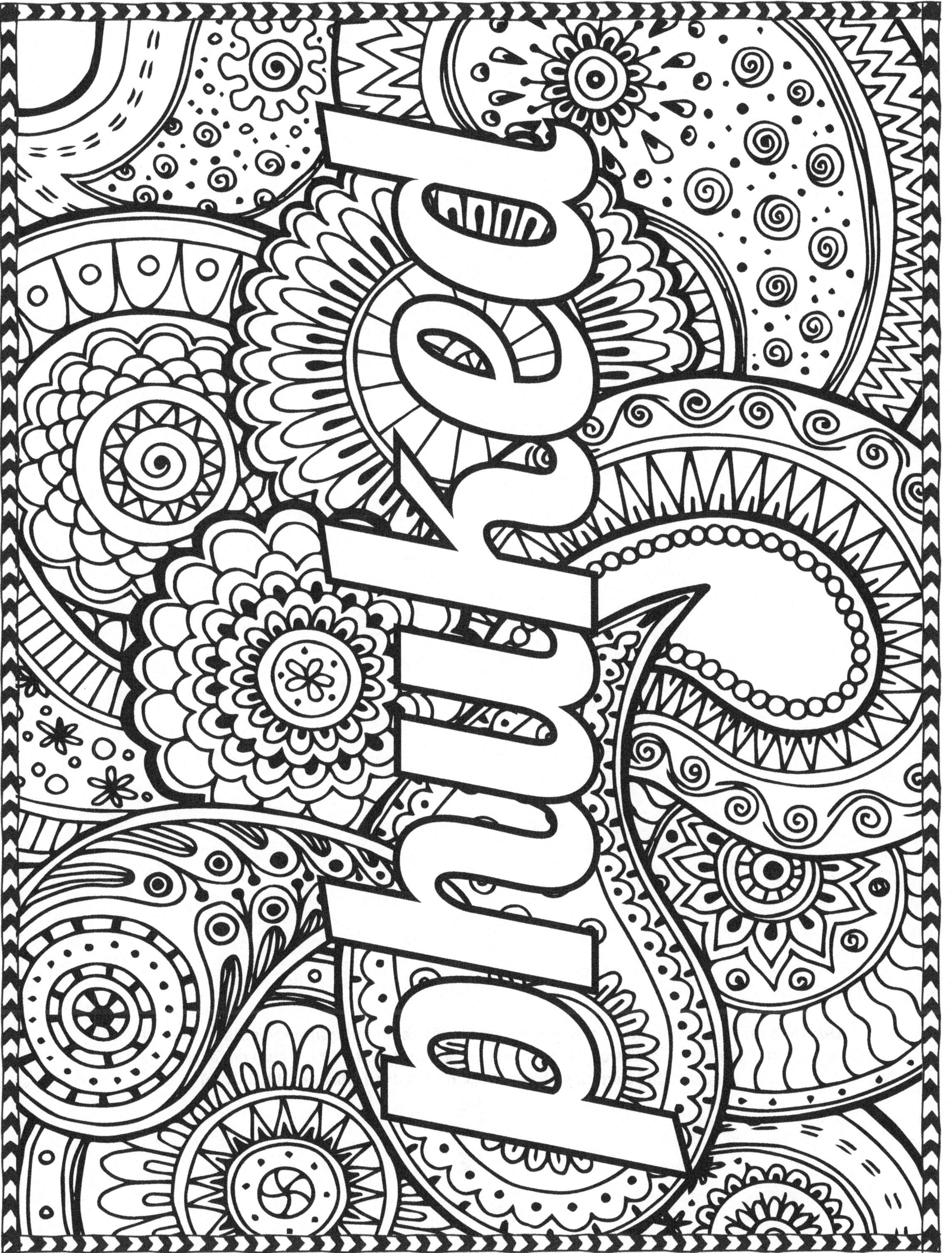
grateful

Questo è un sanguinare attraverso pagina se si utilizza un colorante indicatore o una penna!

Trovare altri grandi titoli di ricerca per disegni da Colorare Bandit su Il tuo libro preferito rivenditore

Amazon.Ca | Barnes & Noble (BN.Com) | Libri 1 Milione (BAM.Com)

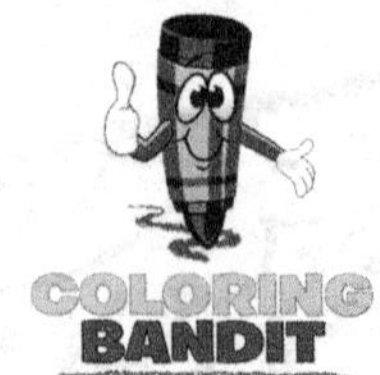

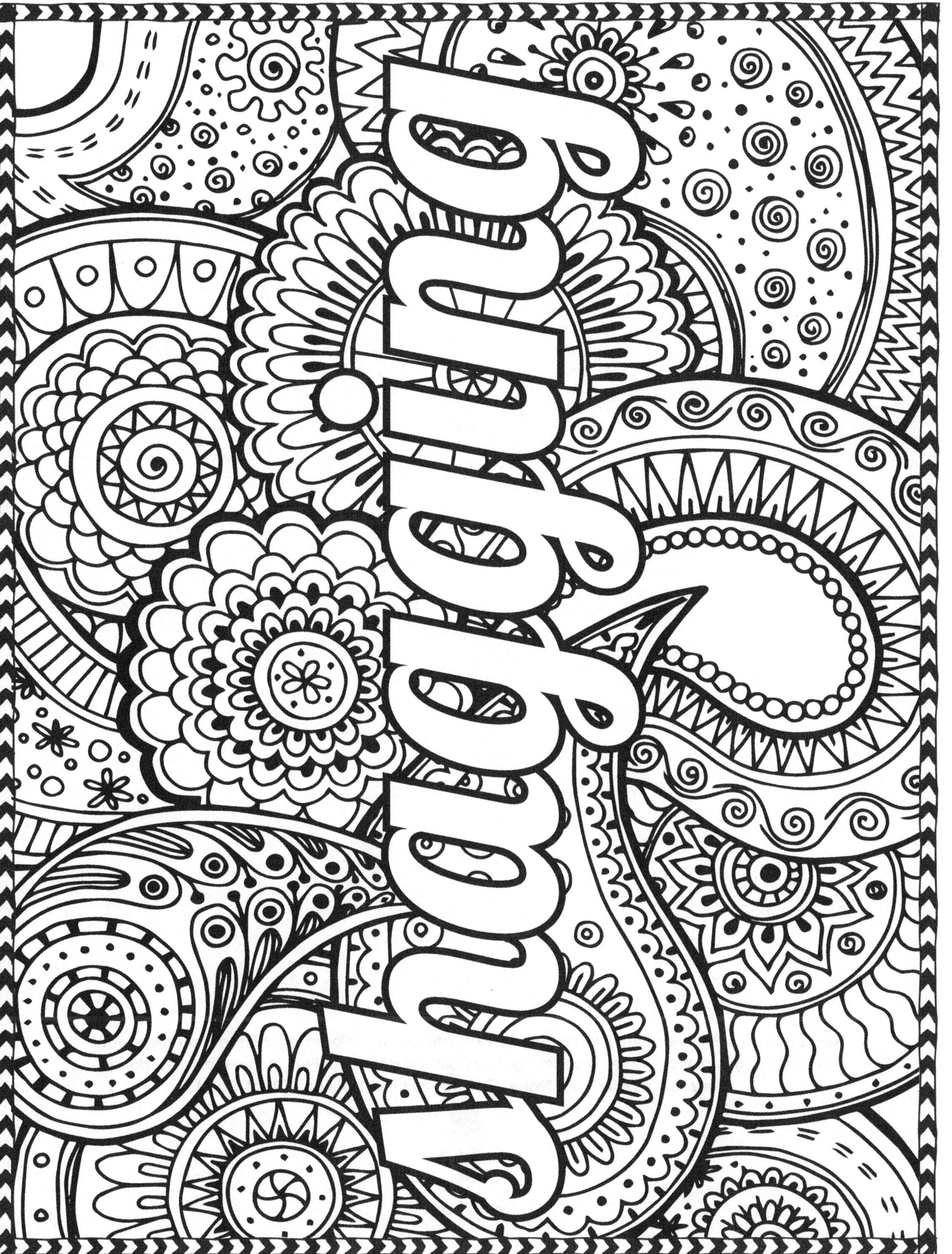
thanksgiving

Questo è un sanguinare attraverso pagina se si utilizza un colorante indicatore o una penna!
Trovare altri grandi titoli di ricerca per disegni da Colorare Bandit su Il tuo libro preferito rivenditore
Amazon.Ca | Barnes & Noble (BN.Com) | Libri 1 Milione (BAM.Com)

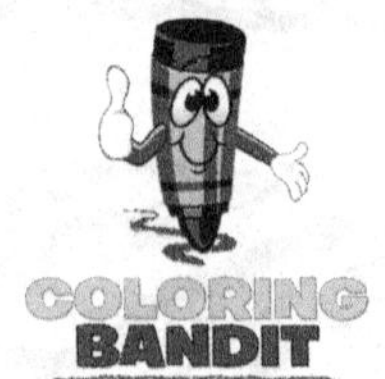

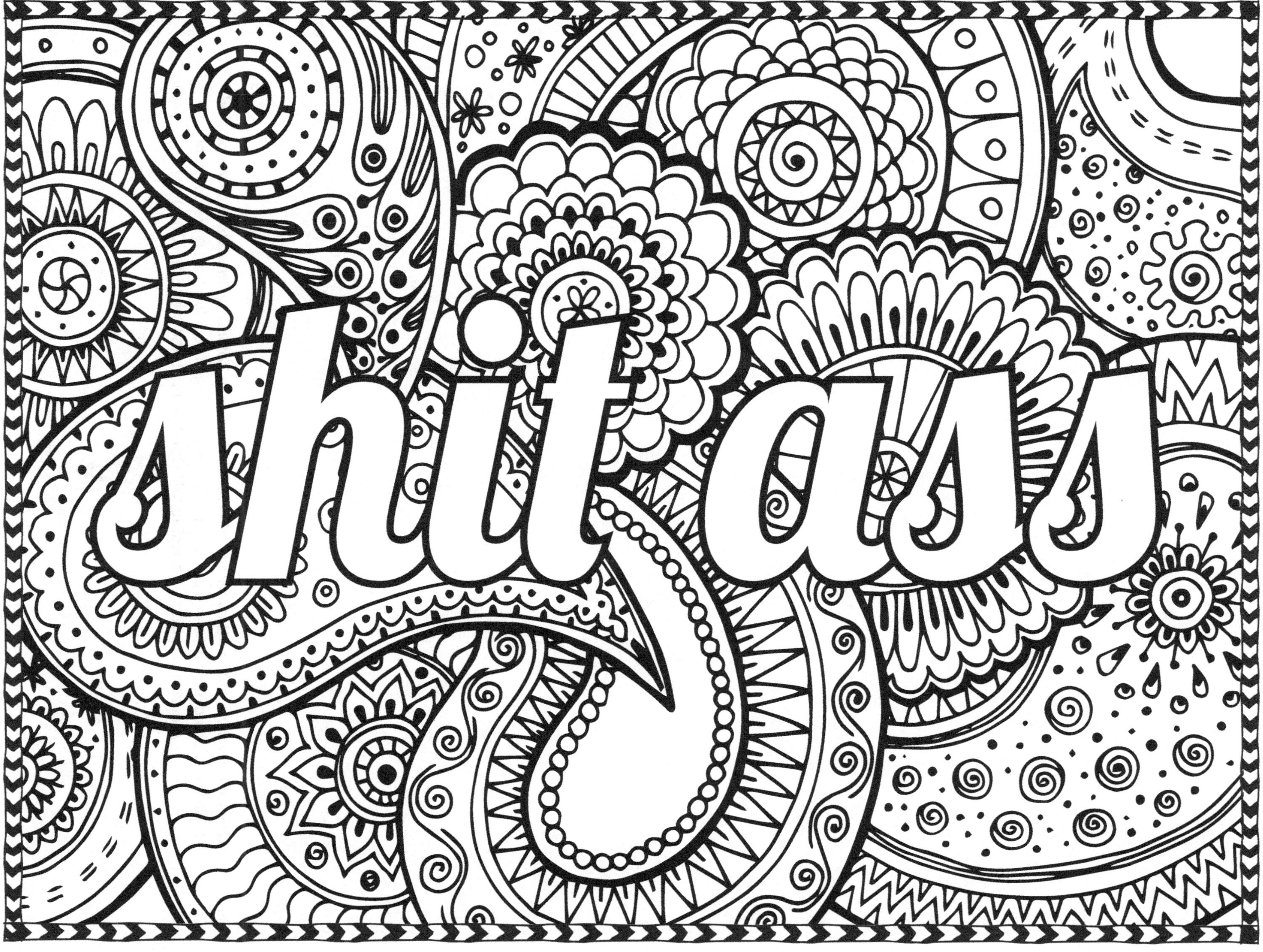
shit ass

Questo è un sanguinare attraverso pagina se si utilizza un colorante indicatore o una penna!
Trovare altri grandi titoli di ricerca per disegni da Colorare Bandit su Il tuo libro preferito rivenditore
Amazon.Ca | Barnes & Noble (BN.Com) | Libri 1 Milione (BAM.Com)

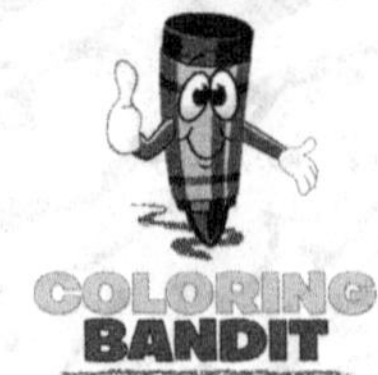

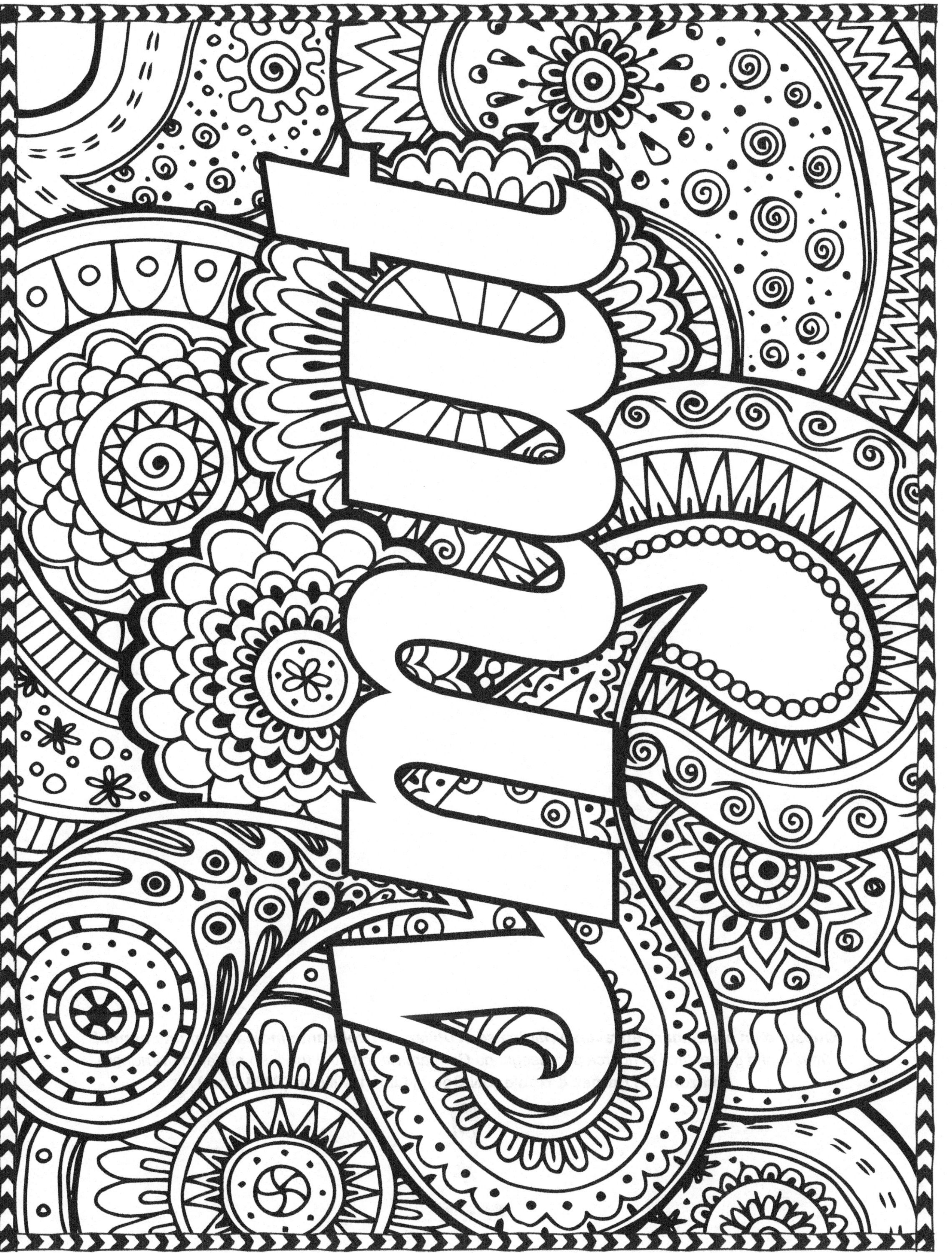

Questo è un sanguinare attraverso pagina se si utilizza un colorante indicatore o una penna!
Trovare altri grandi titoli di ricerca per disegni da Colorare Bandit *su Il tuo libro preferito rivenditore*
Amazon.Ca | Barnes & Noble (BN.Com) | Libri 1 Milione (BAM.Com)

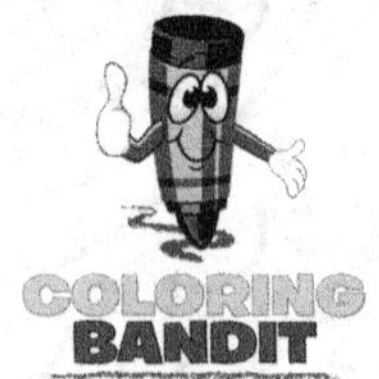

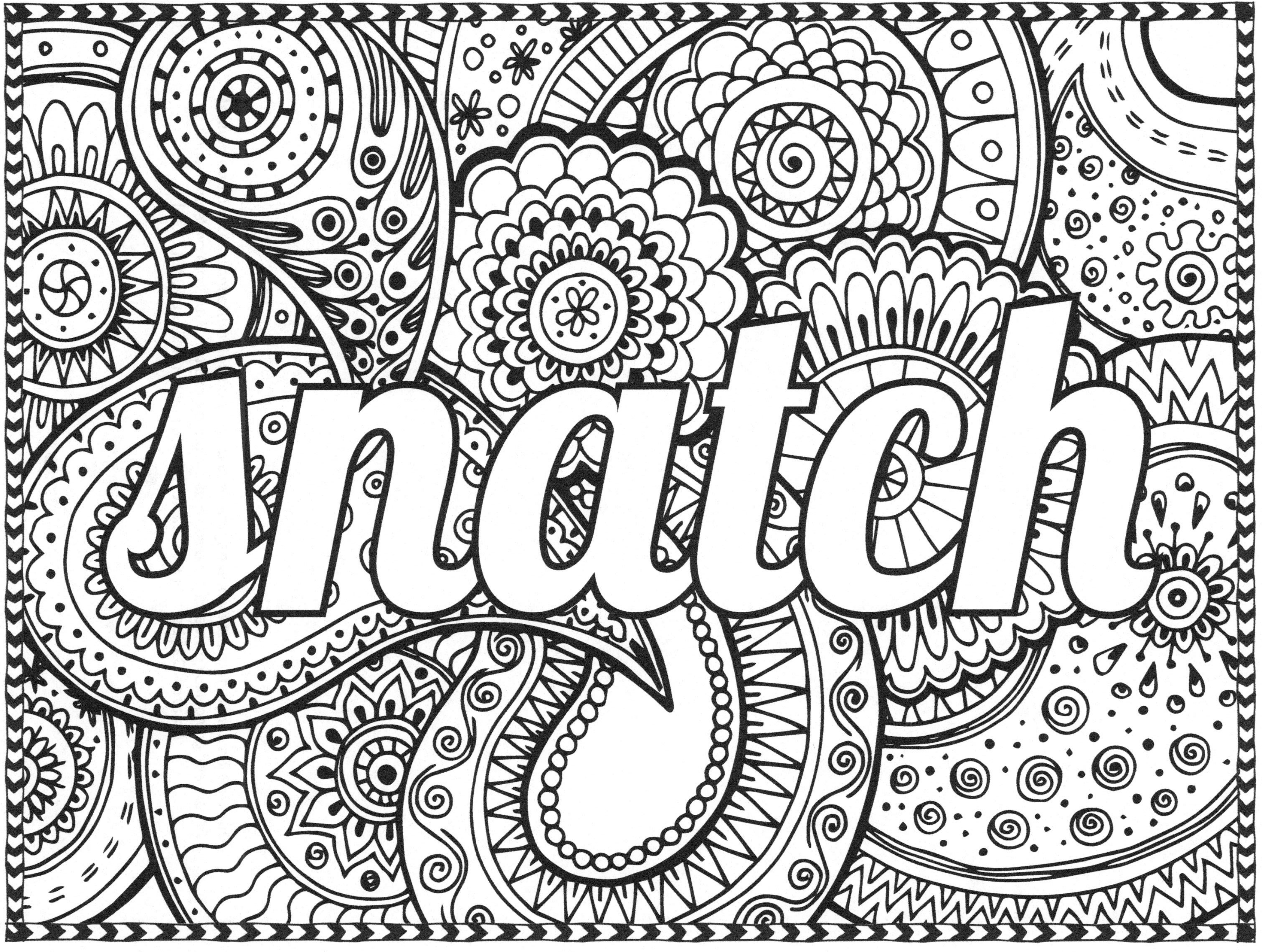
snatch

Questo è un sanguinare attraverso pagina se si utilizza un colorante indicatore o una penna!

Trovare altri grandi titoli di ricerca per disegni da Colorare Bandit su Il tuo libro preferito rivenditore

Amazon.Ca | Barnes & Noble (BN.Com) | Libri 1 Milione (BAM.Com)

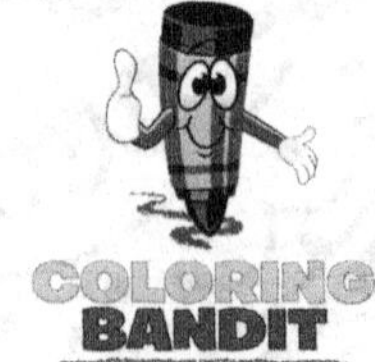

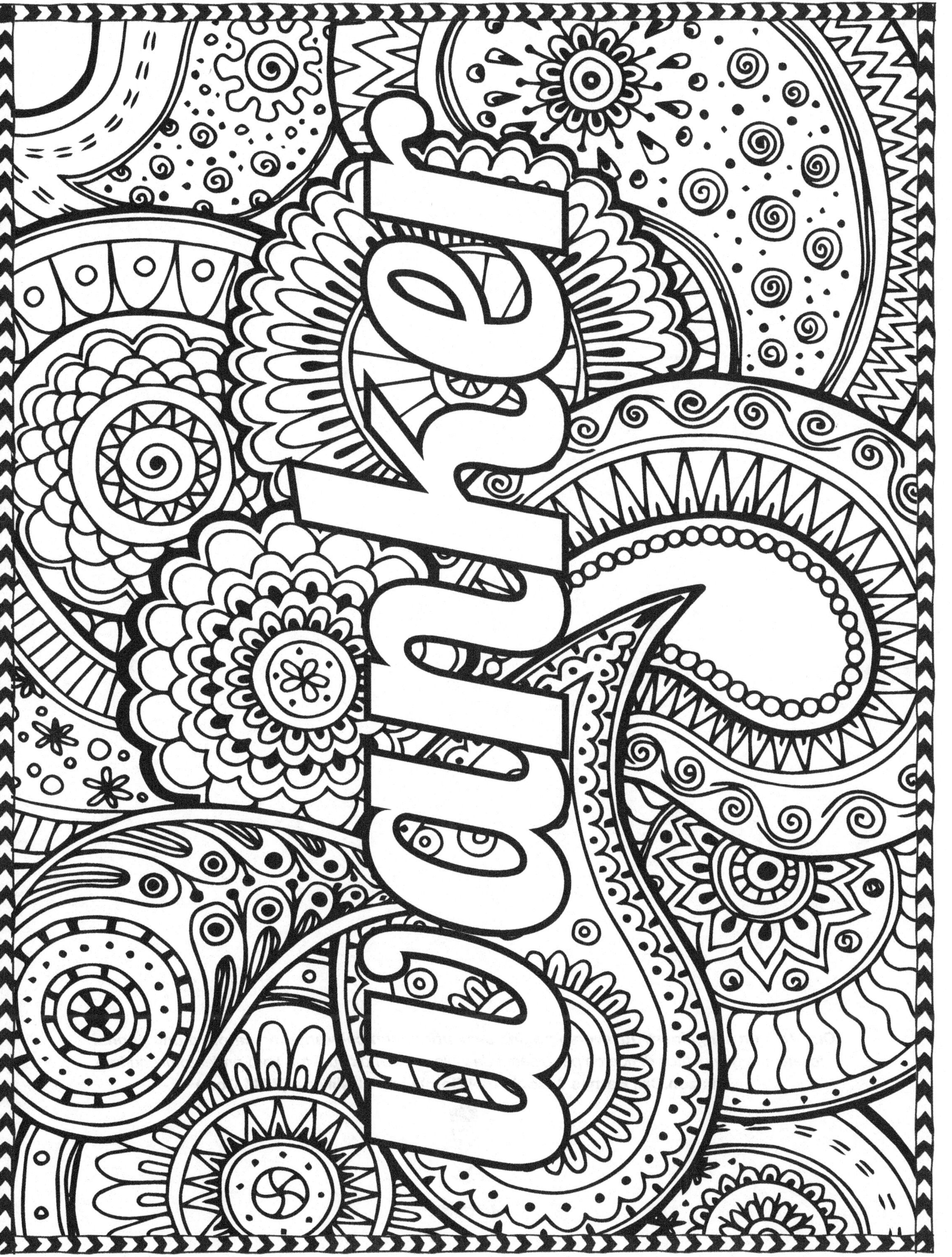
thankful

Questo è un sanguinare attraverso pagina se si utilizza un colorante indicatore o una penna!
Trovare altri grandi titoli di ricerca per disegni da Colorare Bandit su Il tuo libro preferito rivenditore
Amazon.Ca | Barnes & Noble (BN.Com) | Libri 1 Milione (BAM.Com)

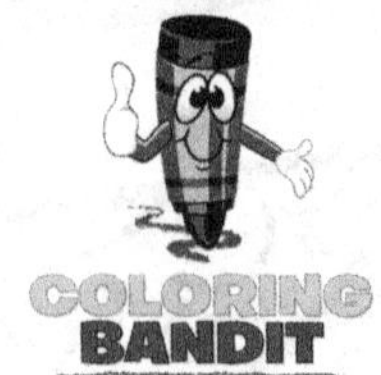

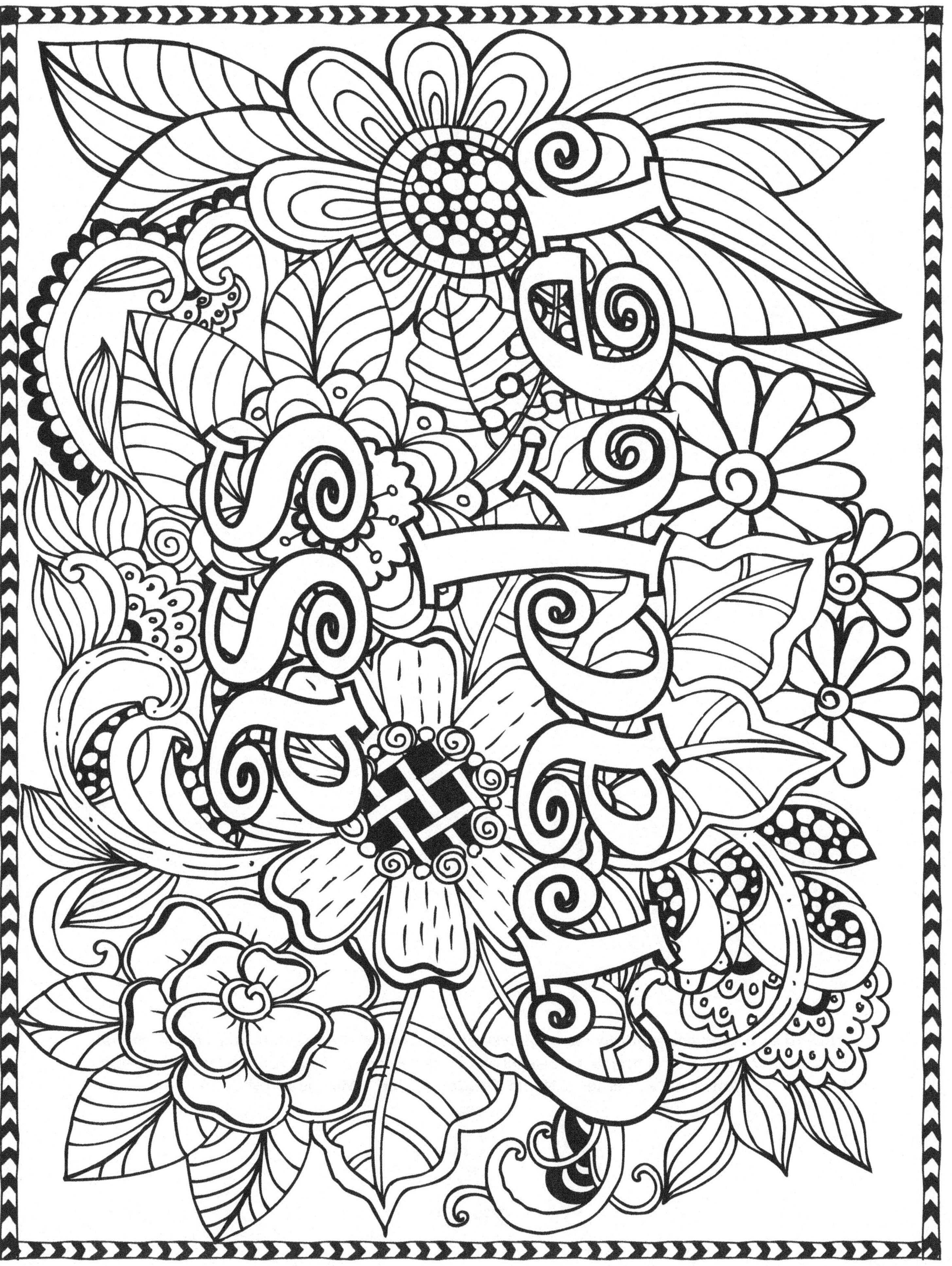

Questo è un sanguinare attraverso pagina se si utilizza un colorante indicatore o una penna!
Trovare altri grandi titoli di ricerca per disegni da Colorare Bandit su Il tuo libro preferito rivenditore
Amazon.Ca | Barnes & Noble (BN.Com) | Libri 1 Milione (BAM.Com)

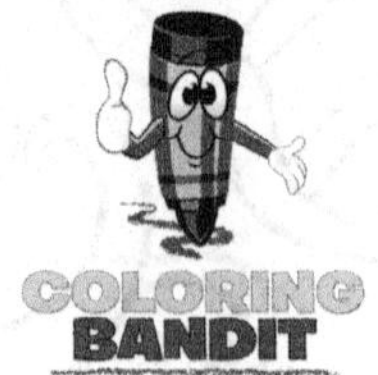

COLORING
BANDIT

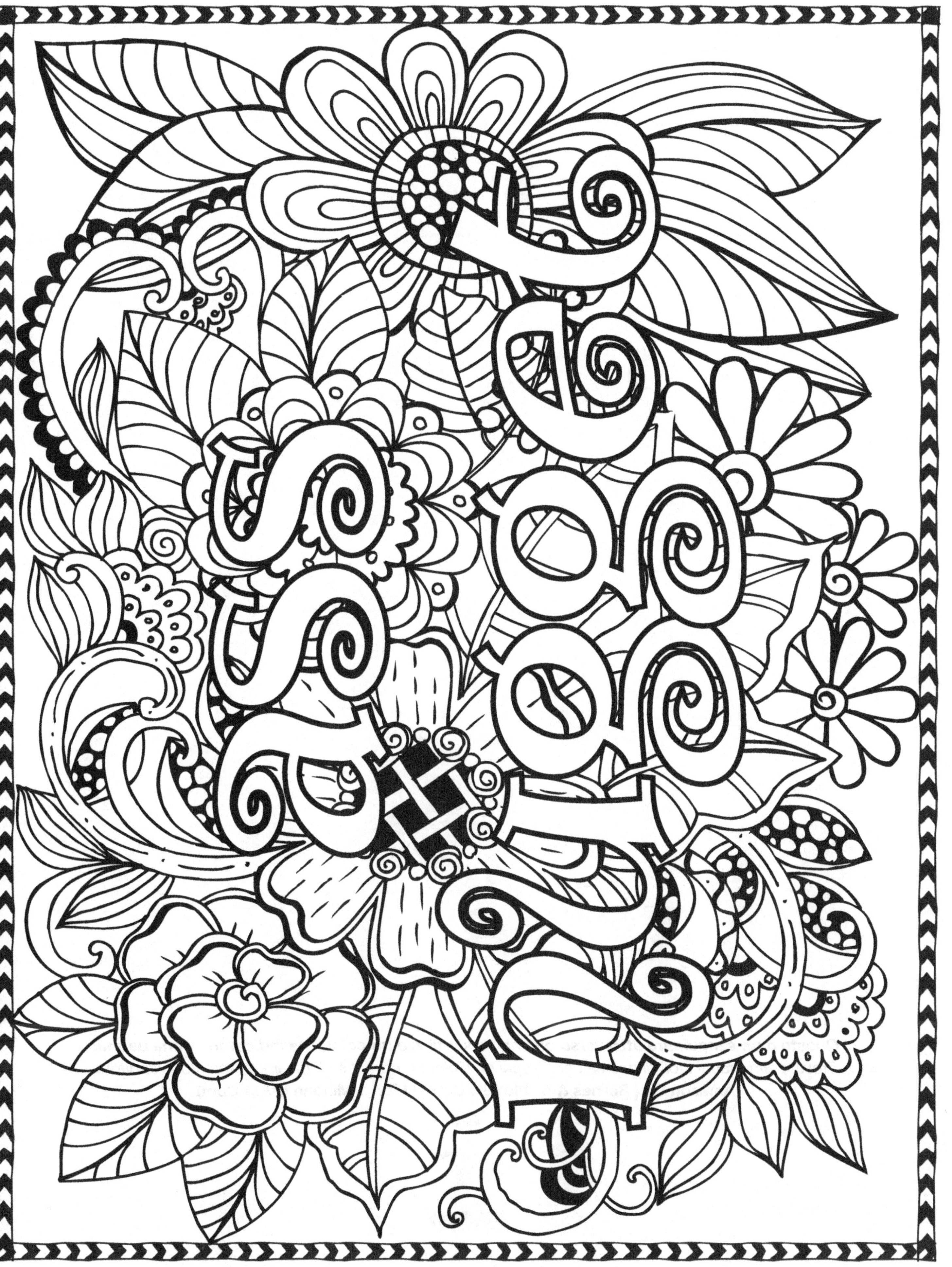

Questo è un sanguinare attraverso pagina se si utilizza un colorante indicatore o una penna!
Trovare altri grandi titoli di ricerca per disegni da Colorare Bandit su Il tuo libro preferito rivenditore
Amazon.Ca | Barnes & Noble (BN.Com) | Libri 1 Milione (BAM.Com)

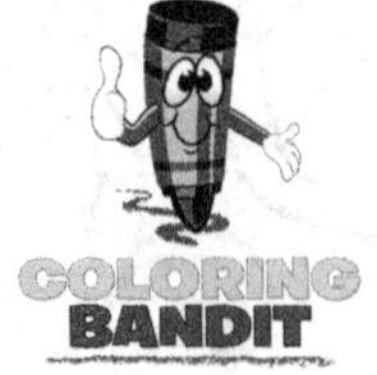

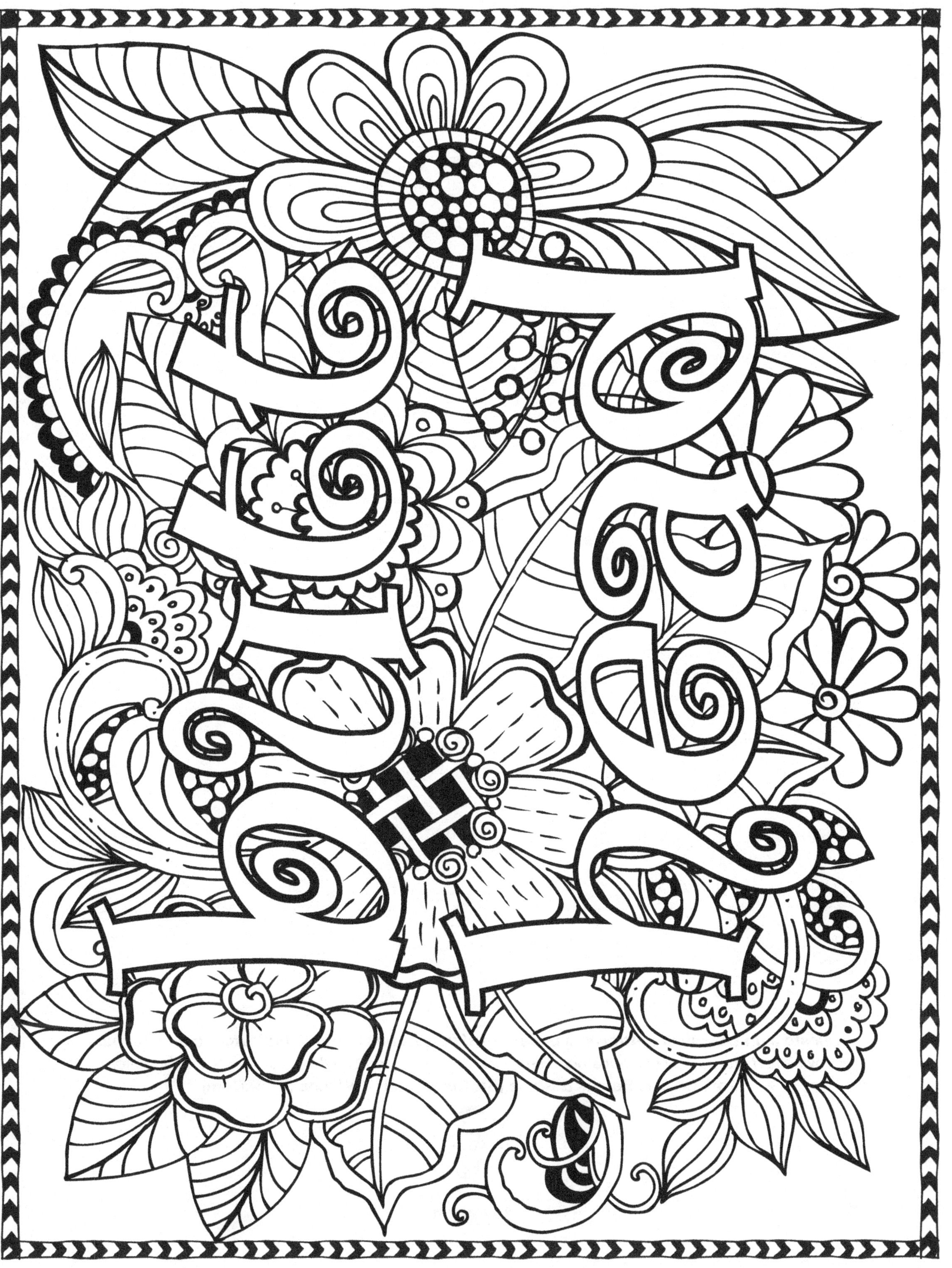

Questo è *un sanguinare attraverso pagina se si utilizza un colorante indicatore o una penna!*
Trovare altri grandi titoli di ricerca per disegni da *Colorare Bandit* su Il tuo libro preferito rivenditore
Amazon.Ca | Barnes & Noble (BN.Com) | Libri 1 Milione (BAM.Com)

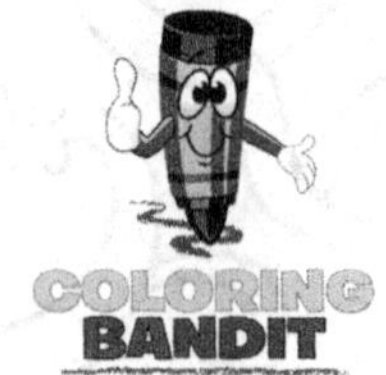

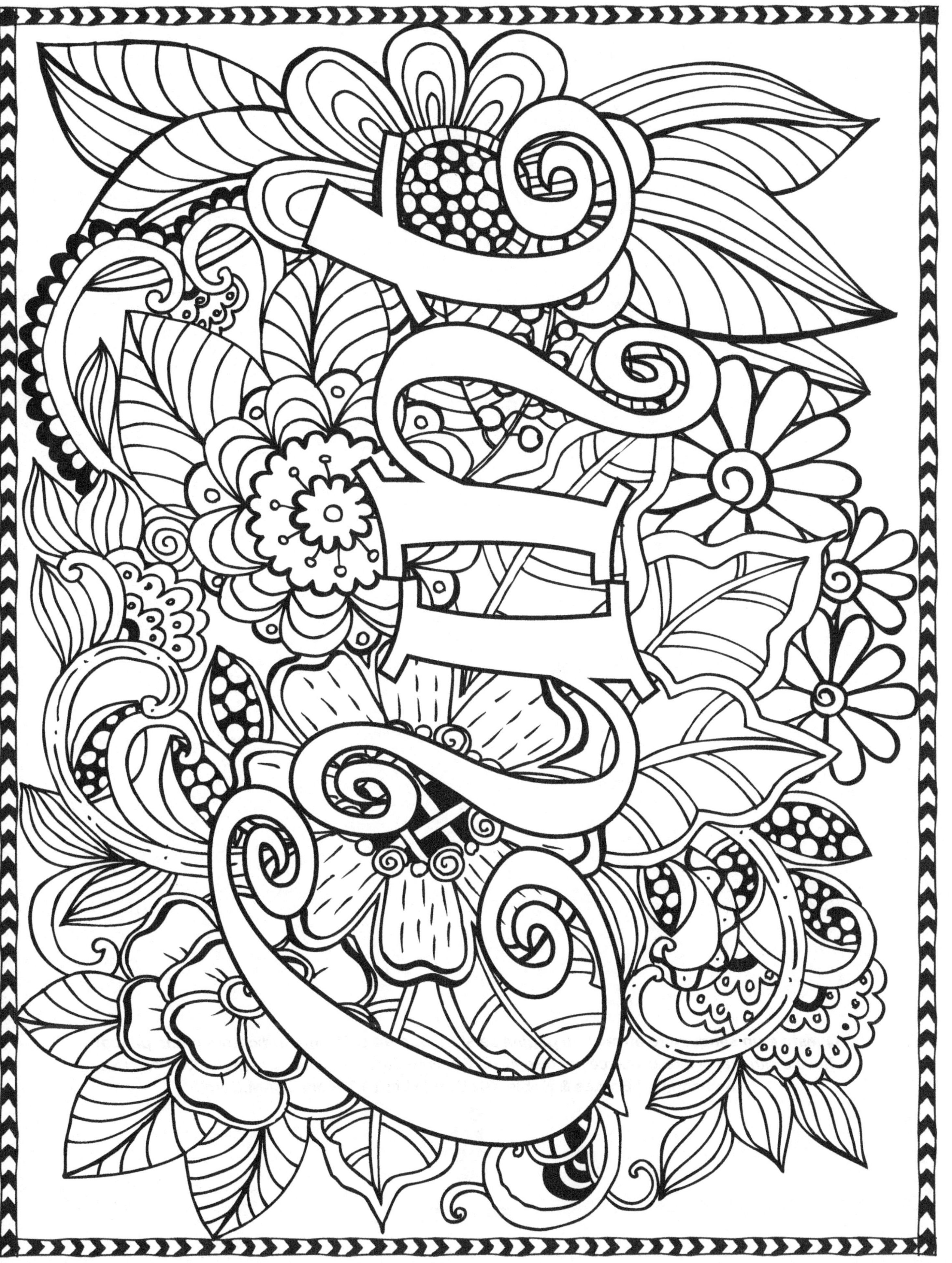

Questo è un sanguinare attraverso pagina se si utilizza un colorante indicatore o una penna!

Trovare altri grandi titoli di ricerca per disegni da <u>Colorare Bandit</u> su Il tuo libro preferito rivenditore

Amazon.Ca | Barnes & Noble (BN.Com) | Libri 1 Milione (BAM.Com)

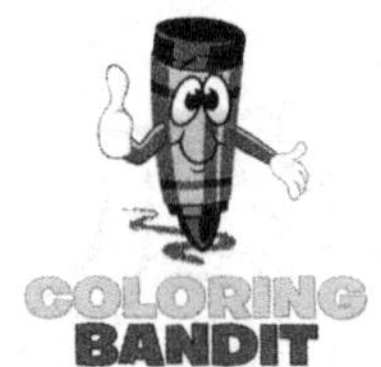

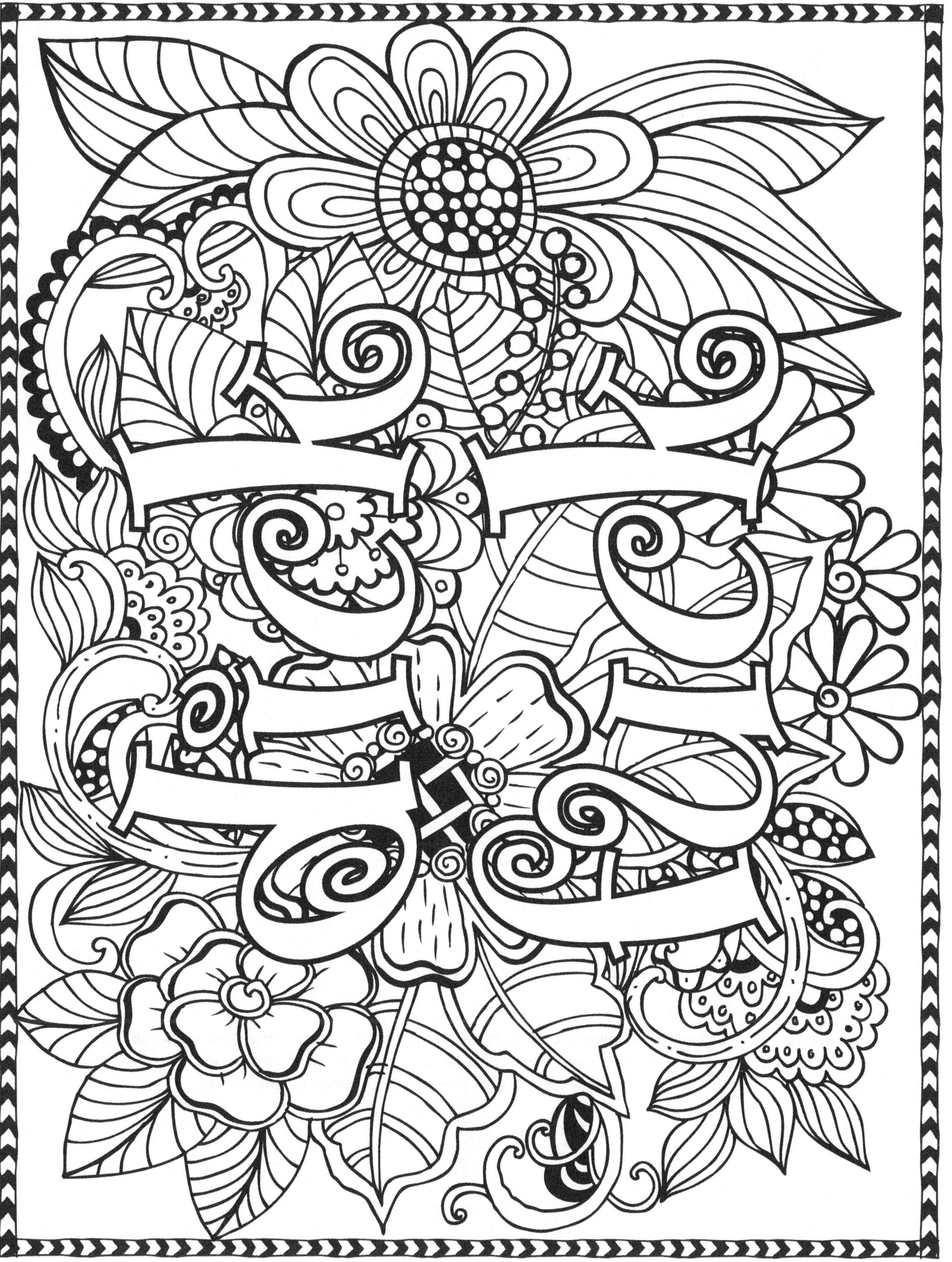

Questo è un sanguinare attraverso pagina se si utilizza un colorante indicatore o una penna!

Trovare altri grandi titoli di ricerca per disegni da Colorare Bandit su Il tuo libro preferito rivenditore

Amazon.Ca | Barnes & Noble (BN.Com) | Libri 1 Milione (BAM.Com)

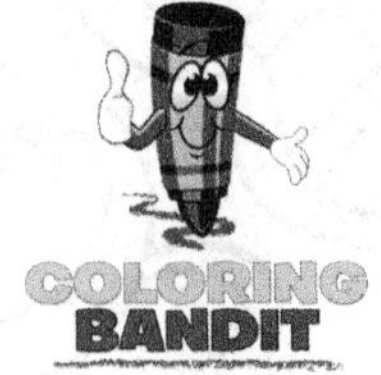

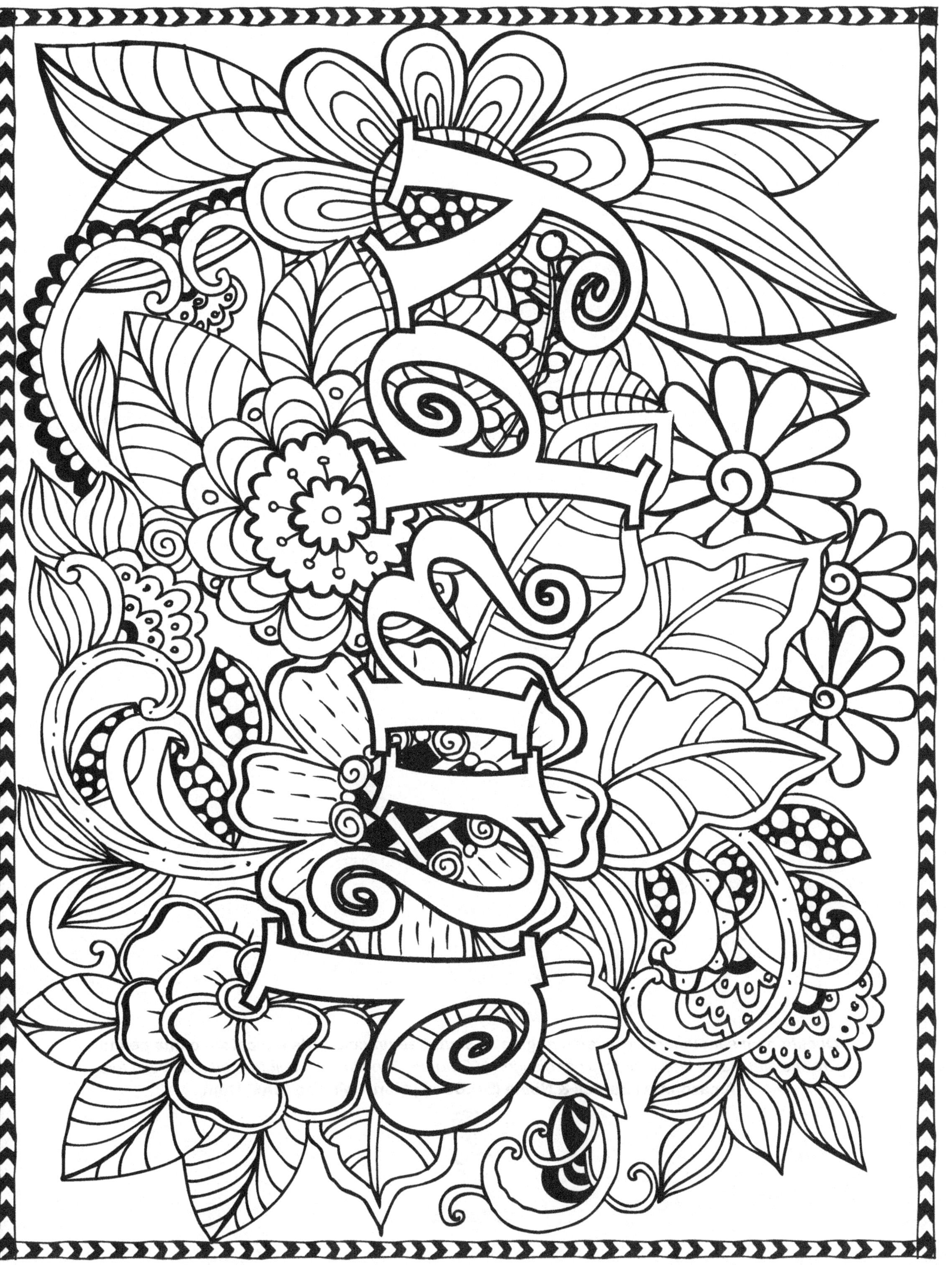

Questo è un sanguinare attraverso pagina se si utilizza un colorante indicatore o una penna!

Trovare altri grandi titoli di ricerca per disegni da Colorare Bandit su Il tuo libro preferito rivenditore

Amazon.Ca | Barnes & Noble (BN.Com) | Libri 1 Milione (BAM.Com)

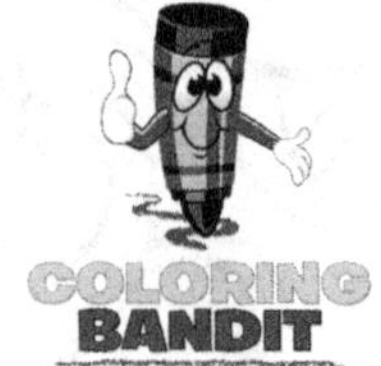

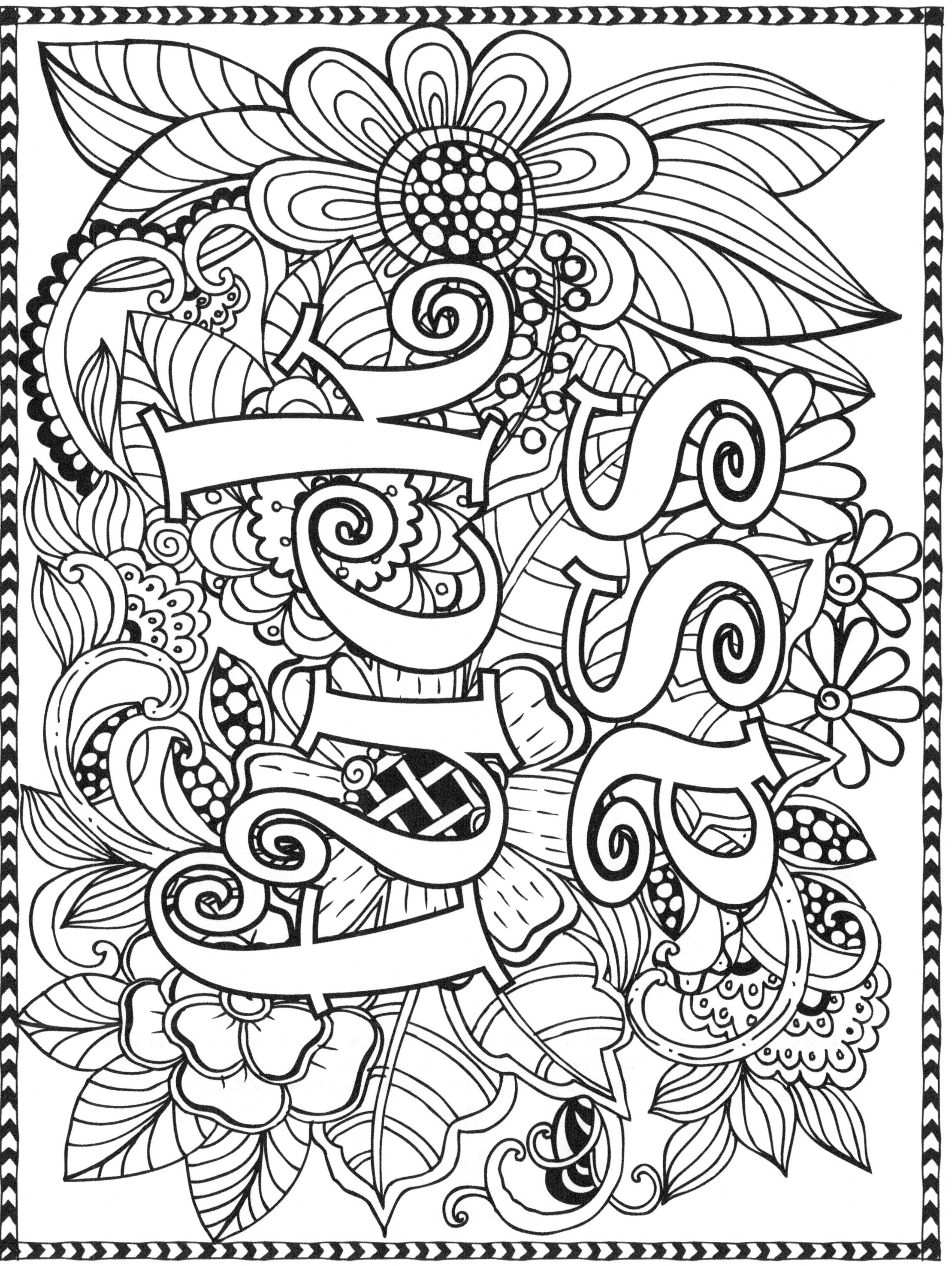

Questo è un sanguinare attraverso pagina se si utilizza un colorante indicatore o una penna!

Trovare altri grandi titoli di ricerca per disegni da Colorare Bandit su Il tuo libro preferito rivenditore

Amazon.Ca | Barnes & Noble (BN.Com) | Libri 1 Milione (BAM.Com)

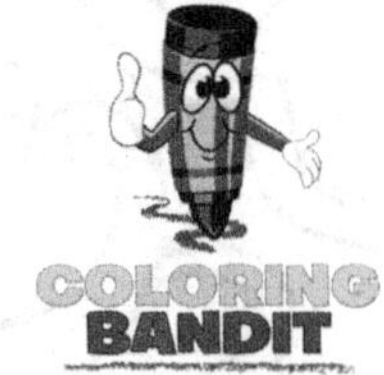

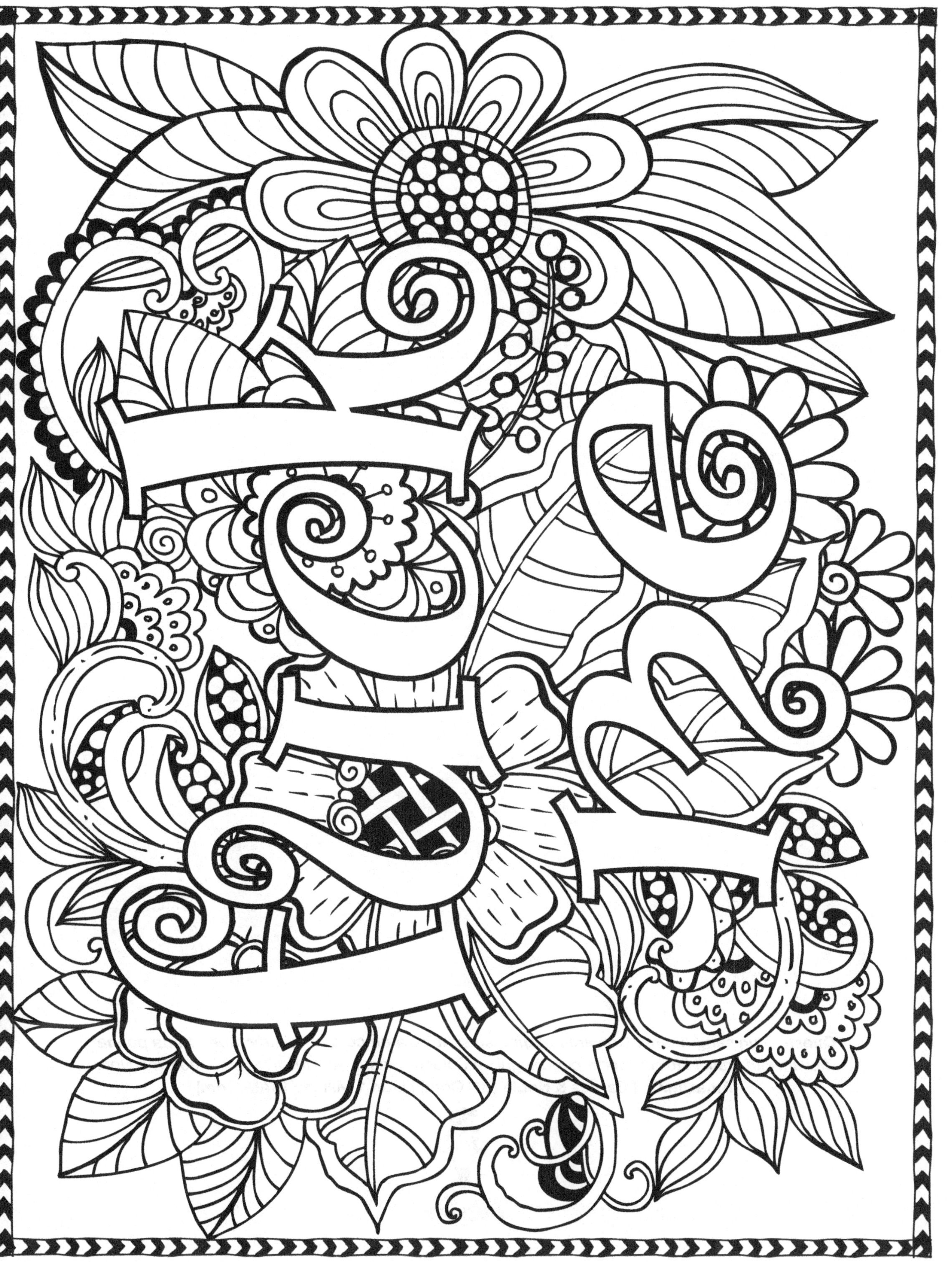

Questo è un sanguinare attraverso pagina se si utilizza un colorante indicatore o una penna!

Trovare altri grandi titoli di ricerca per disegni da Colorare Bandit su Il tuo libro preferito rivenditore

Amazon.Ca | Barnes & Noble (BN.Com) | Libri 1 Milione (BAM.Com)

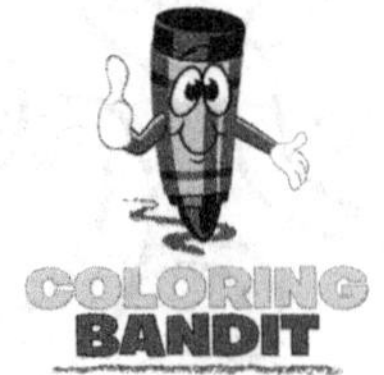

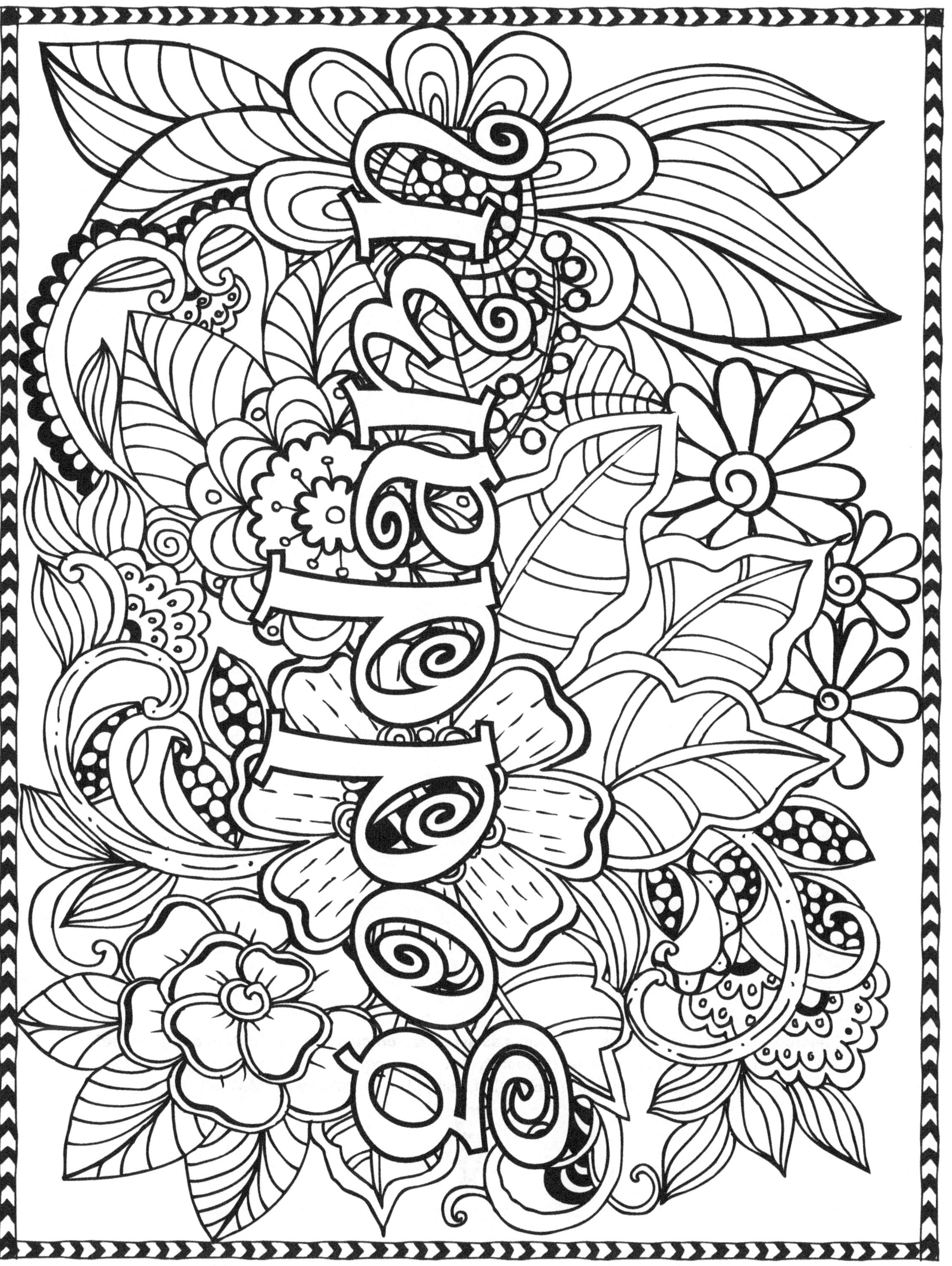

Questo è *un sanguinare attraverso pagina se si utilizza un colorante indicatore o una penna!*
Trovare altri grandi titoli di ricerca per disegni da Colorare Bandit su Il tuo libro preferito rivenditore
Amazon.Ca | Barnes & Noble (BN.Com) | Libri 1 Milione (BAM.Com)

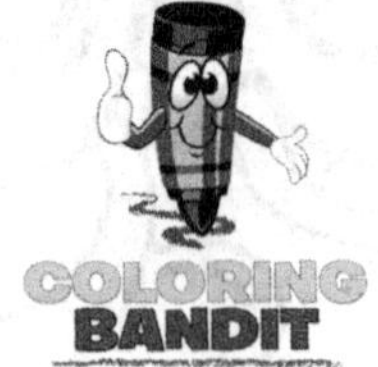

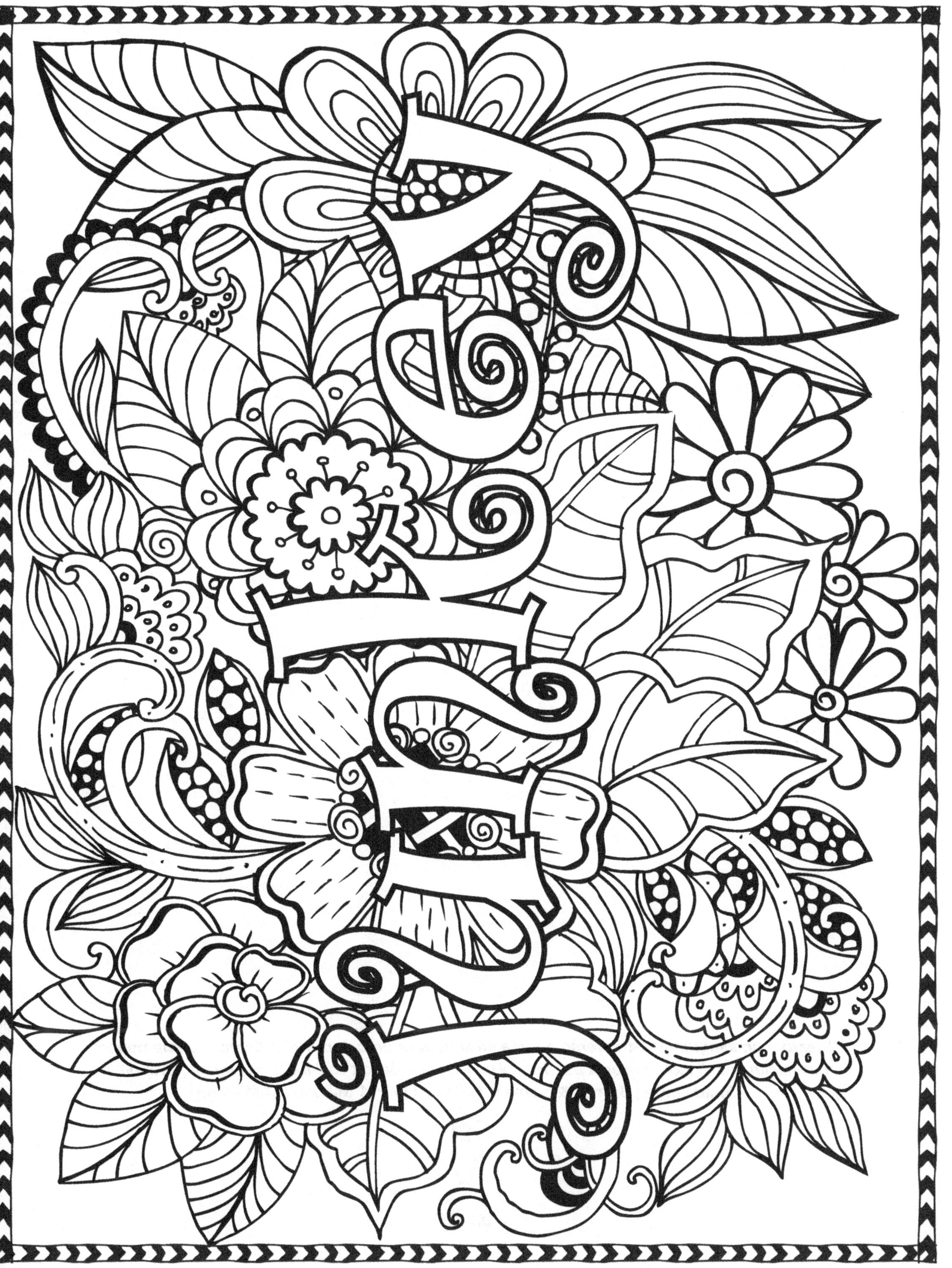

Questo è un sanguinare attraverso pagina se si utilizza un colorante indicatore o una penna!

Trovare altri grandi titoli di ricerca per disegni da Colorare Bandit su Il tuo libro preferito rivenditore

Amazon.Ca | Barnes & Noble (BN.Com) | Libri 1 Milione (BAM.Com)

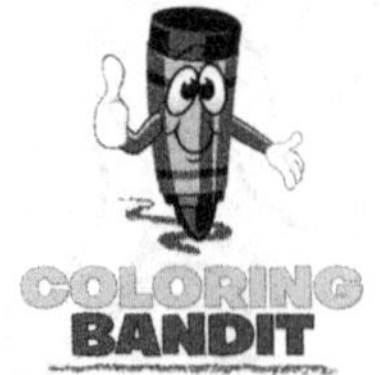

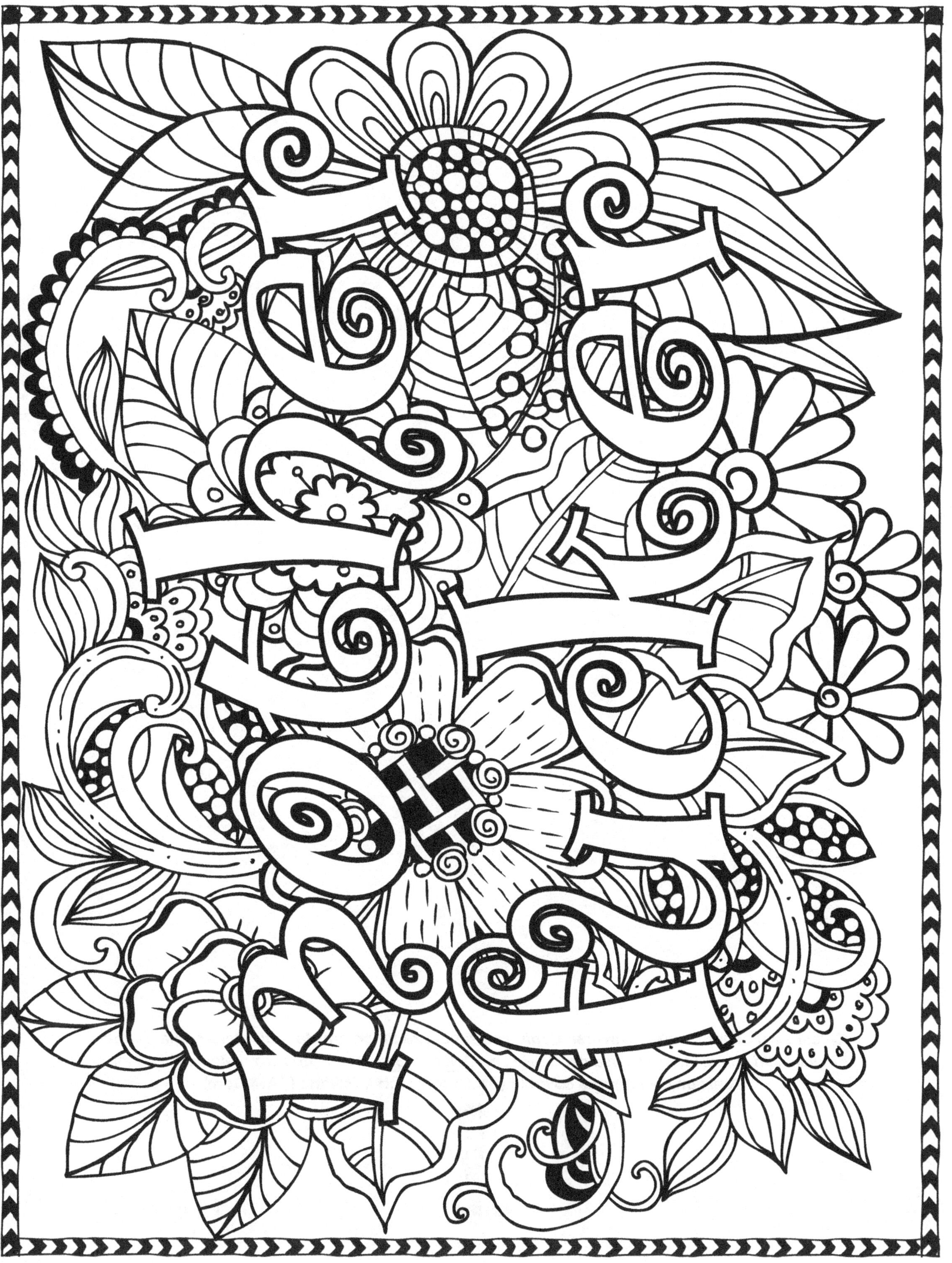

Questo è un sanguinare attraverso pagina se si utilizza un colorante indicatore o una penna!
Trovare altri grandi titoli di ricerca per disegni da _Colorare Bandit_ su Il tuo libro preferito rivenditore
Amazon.Ca | Barnes & Noble (BN.Com) | Libri 1 Milione (BAM.Com)

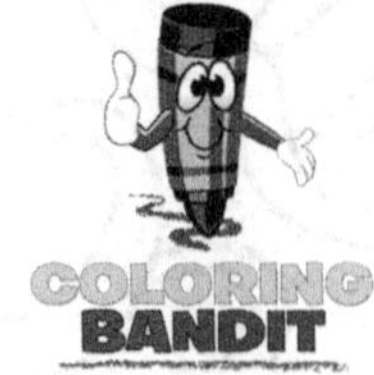

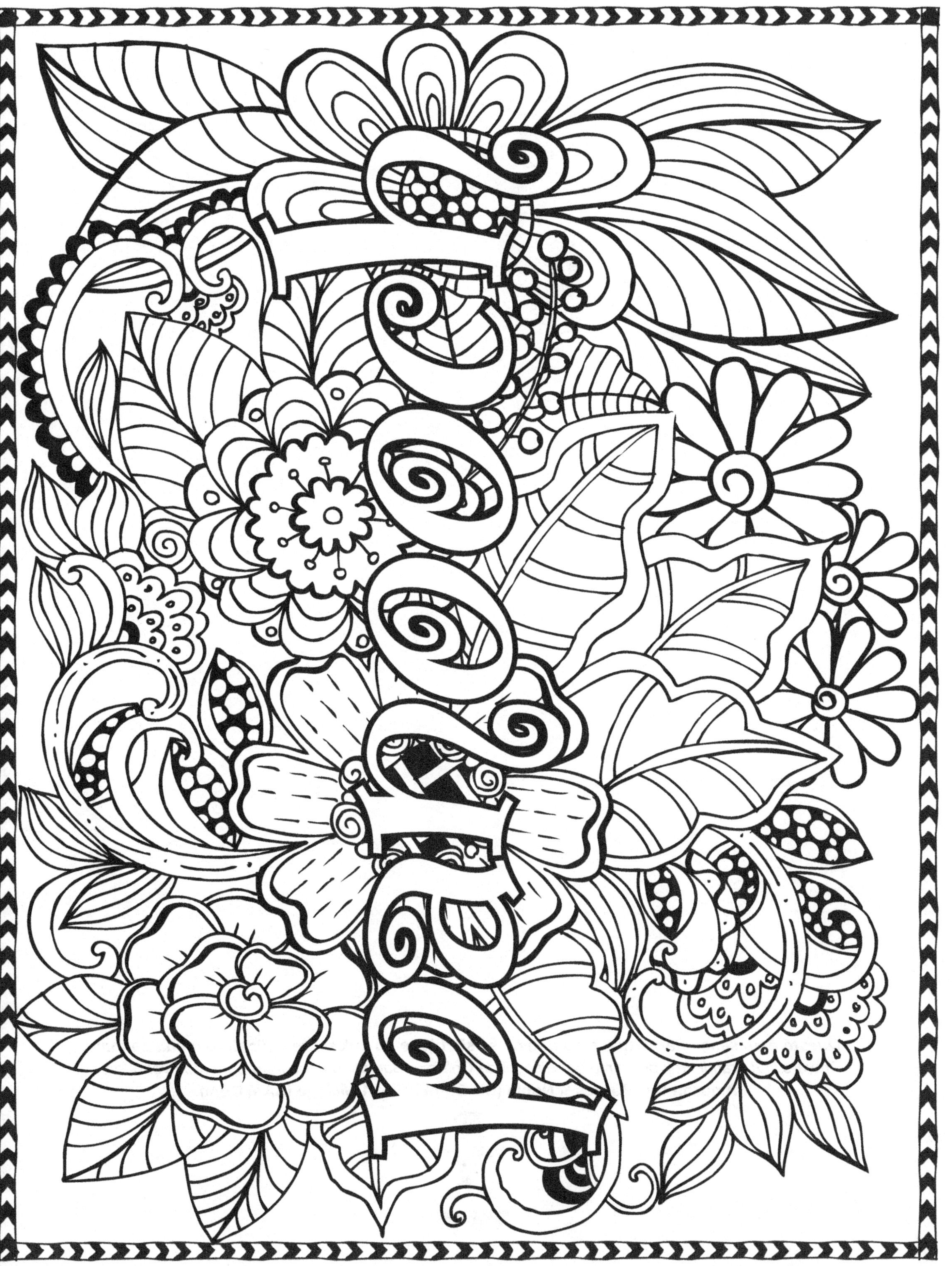
Colorful

Questo è un sanguinare attraverso pagina se si utilizza un colorante indicatore o una penna!

Trovare altri grandi titoli di ricerca per disegni da Colorare Bandit su Il tuo libro preferito rivenditore

Amazon.Ca | Barnes & Noble (BN.Com) | Libri 1 Milione (BAM.Com)

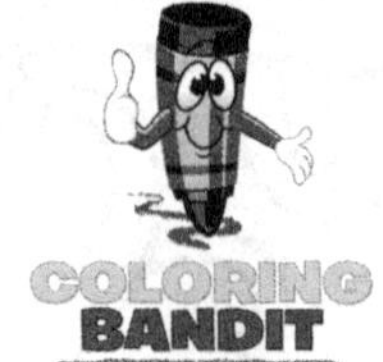

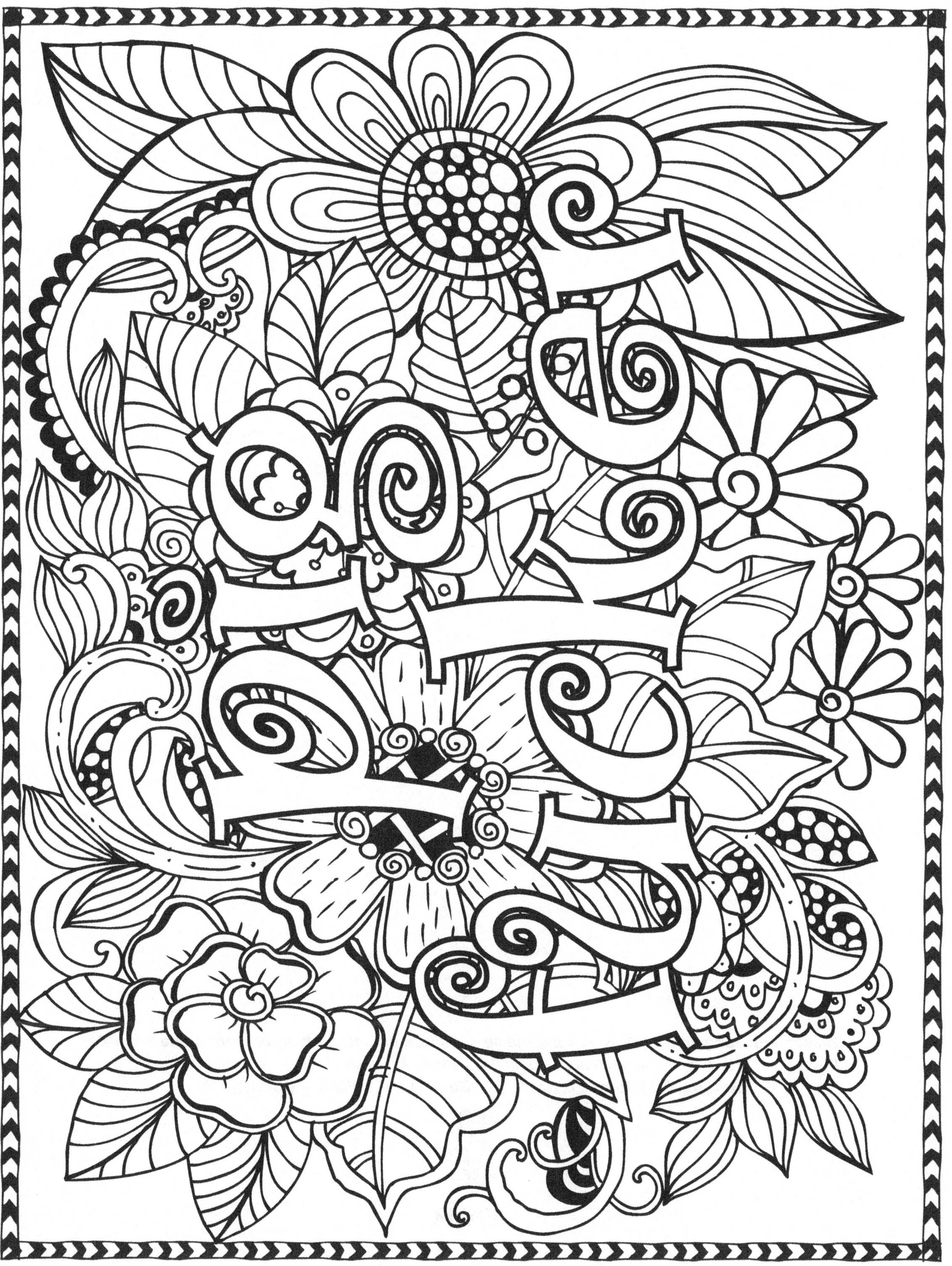

Questo è un sanguinare attraverso pagina se si utilizza un colorante indicatore o una penna!

Trovare altri grandi titoli di ricerca per disegni da Colorare Bandit su Il tuo libro preferito rivenditore

Amazon.Ca | Barnes & Noble (BN.Com) | Libri 1 Milione (BAM.Com)

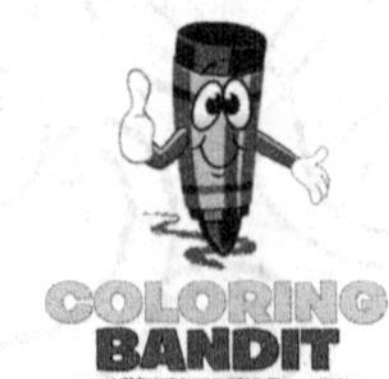

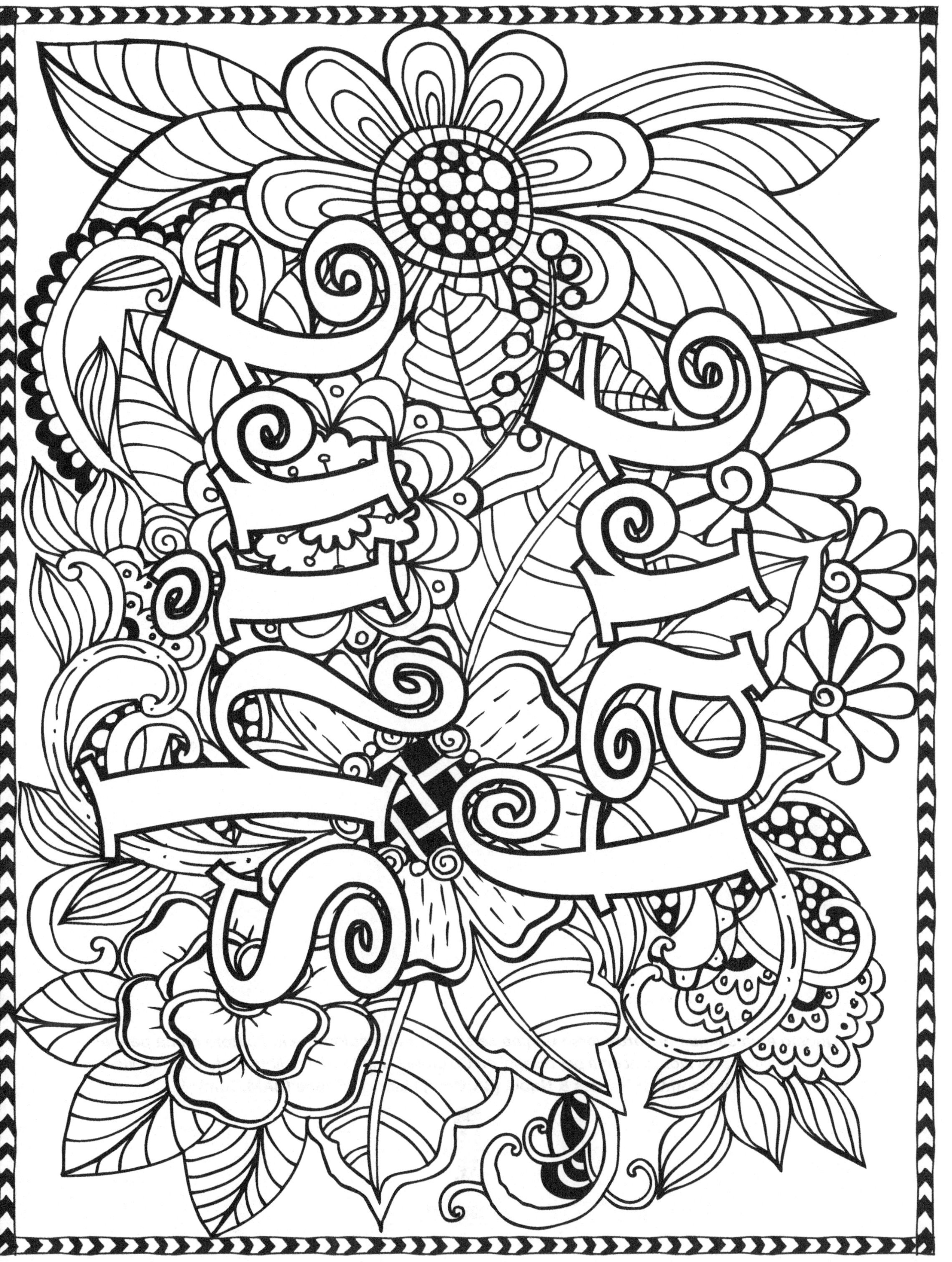

Questo è un sanguinare attraverso pagina se si utilizza un colorante indicatore o una penna!

Trovare altri grandi titoli di ricerca per disegni da <u>Colorare Bandit</u> su Il tuo libro preferito rivenditore

Amazon.Ca | Barnes & Noble (BN.Com) | Libri 1 Milione (BAM.Com)

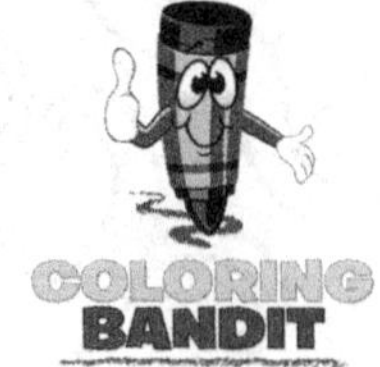

COLORING BANDIT

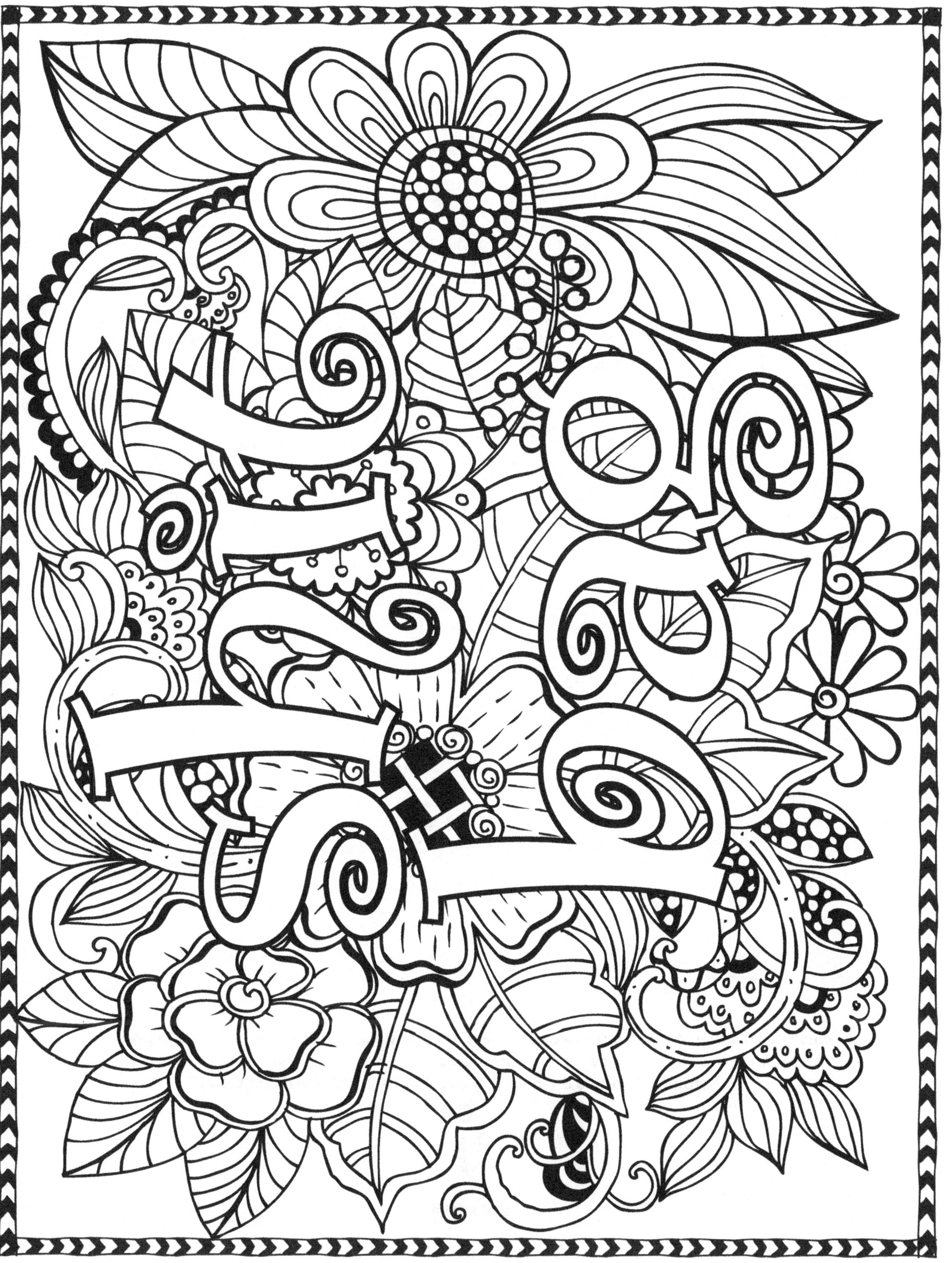

Questo è un sanguinare attraverso pagina se si utilizza un colorante indicatore o una penna!
Trovare altri grandi titoli di ricerca per disegni da *Colorare Bandit* su Il tuo libro preferito rivenditore
Amazon.Ca | Barnes & Noble (BN.Com) | Libri 1 Milione (BAM.Com)

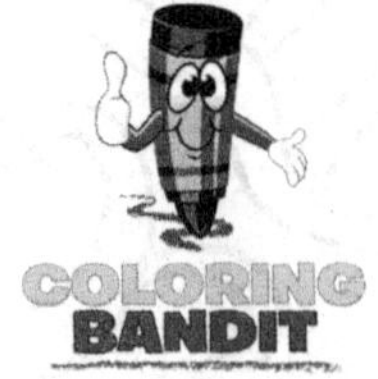

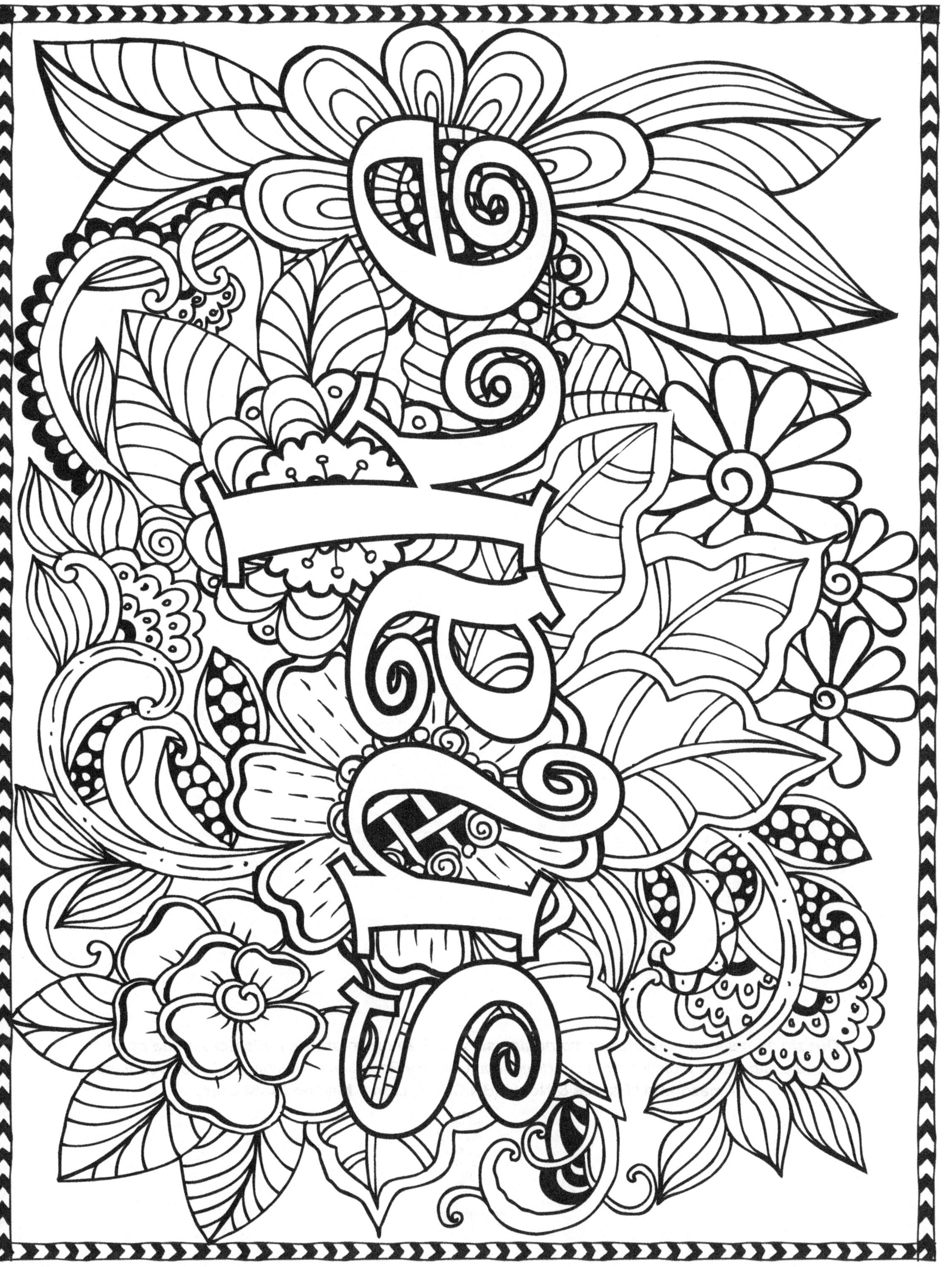

Questo è un sanguinare attraverso pagina se si utilizza un colorante indicatore o una penna!

Trovare altri grandi titoli di ricerca per disegni da Colorare Bandit su Il tuo libro preferito rivenditore

Amazon.Ca | Barnes & Noble (BN.Com) | Libri 1 Milione (BAM.Com)

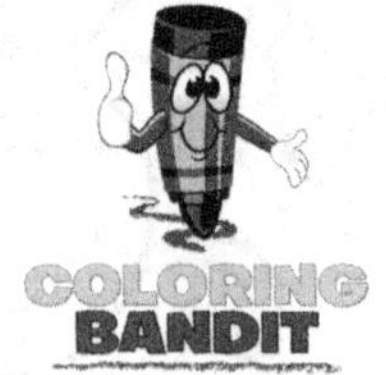

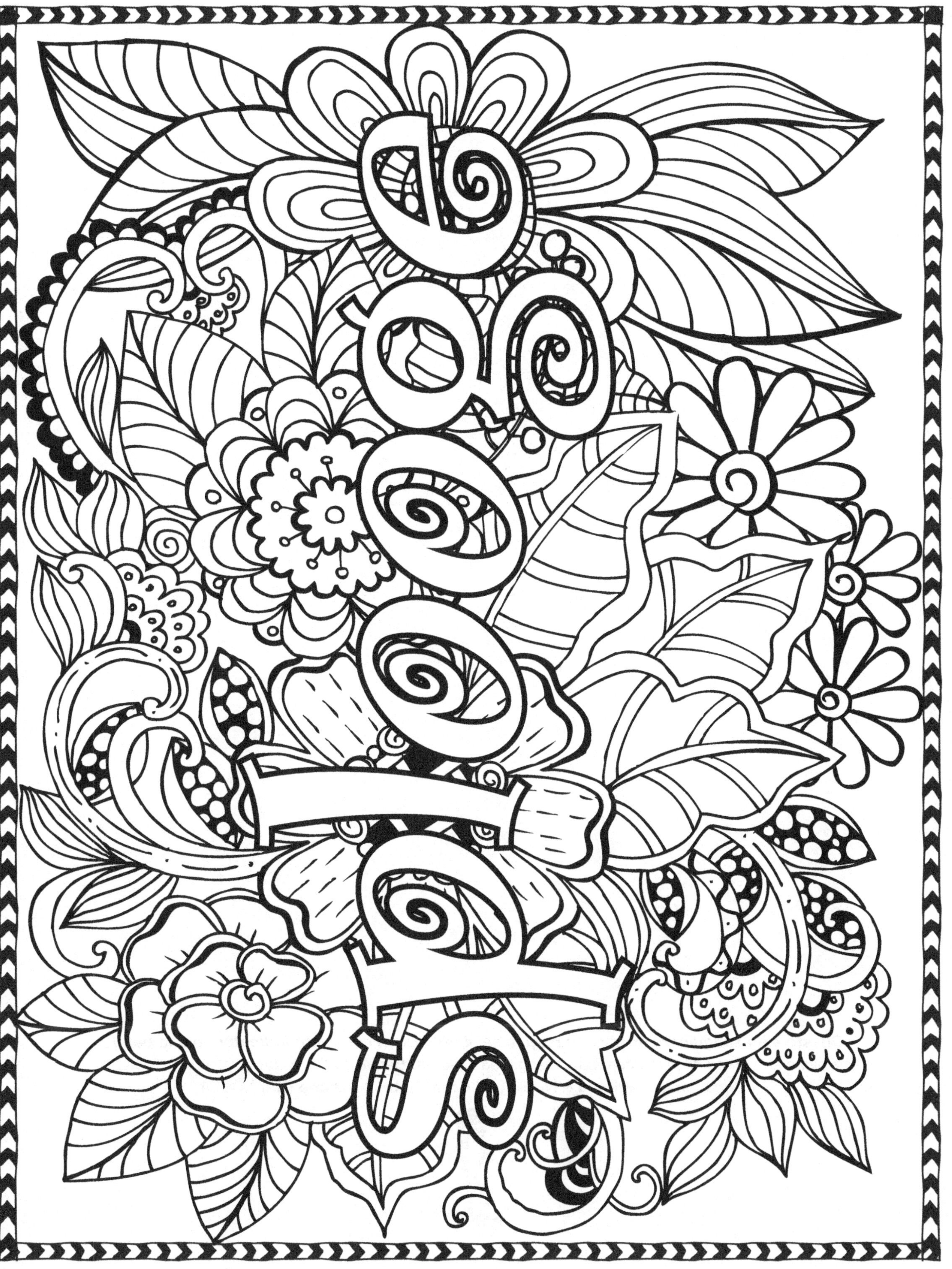

Questo è un sanguinare attraverso pagina se si utilizza un colorante indicatore o una penna!

Trovare altri grandi titoli di ricerca per disegni da <u>Colorare Bandit</u> su Il tuo libro preferito rivenditore

Amazon.Ca | Barnes & Noble (BN.Com) | Libri 1 Milione (BAM.Com)

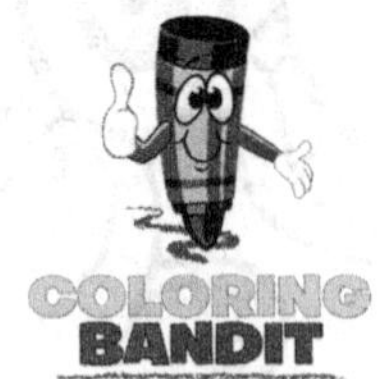

COLORING
BANDIT

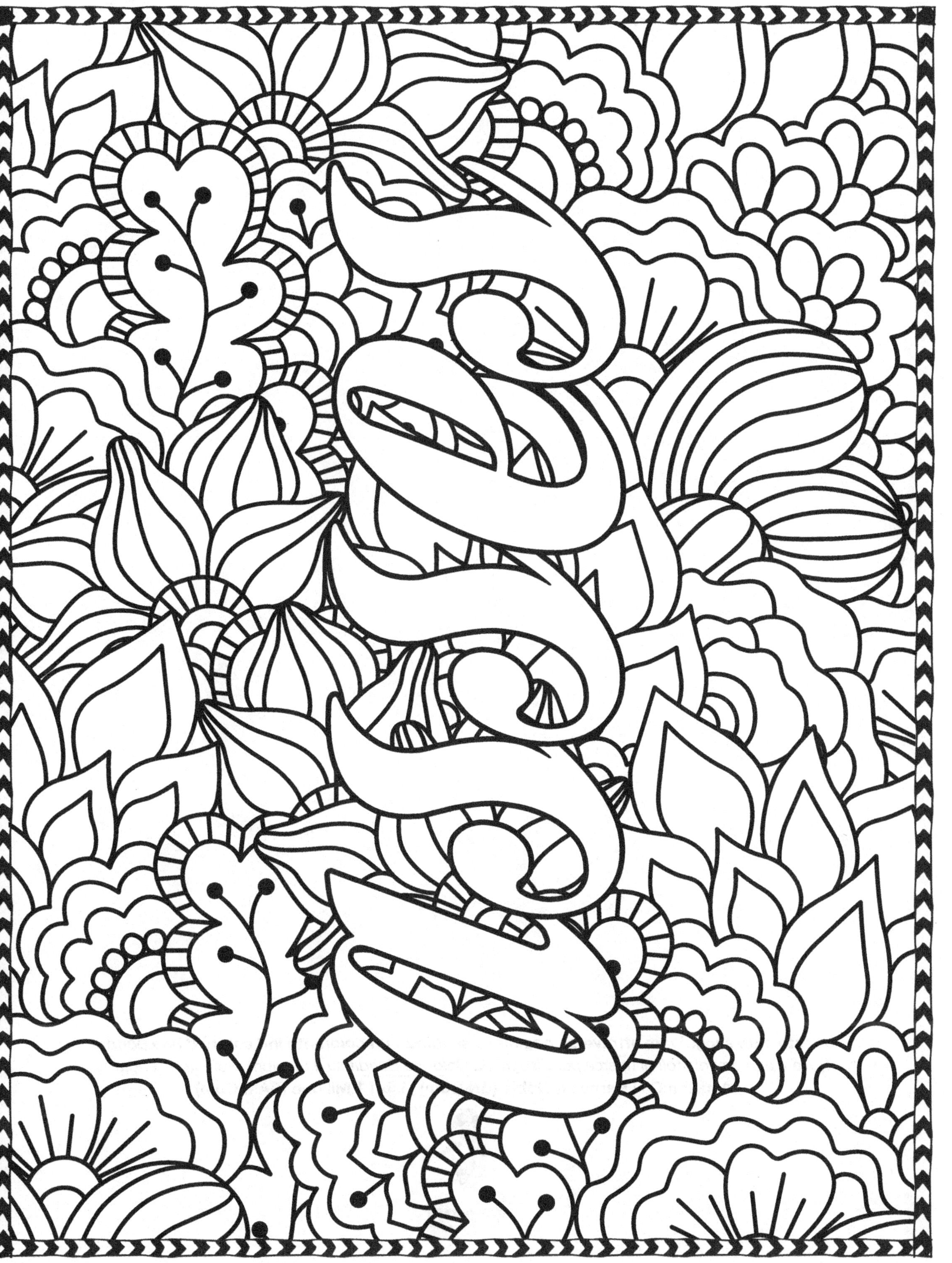

Questo è un sanguinare attraverso pagina se si utilizza un colorante indicatore o una penna!
Trovare altri grandi titoli di ricerca per disegni da Colorare Bandit su Il tuo libro preferito rivenditore
Amazon.Ca | Barnes & Noble (BN.Com) | Libri 1 Milione (BAM.Com)

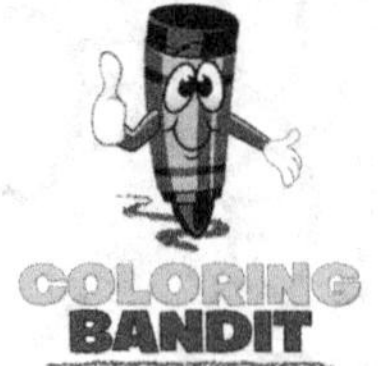

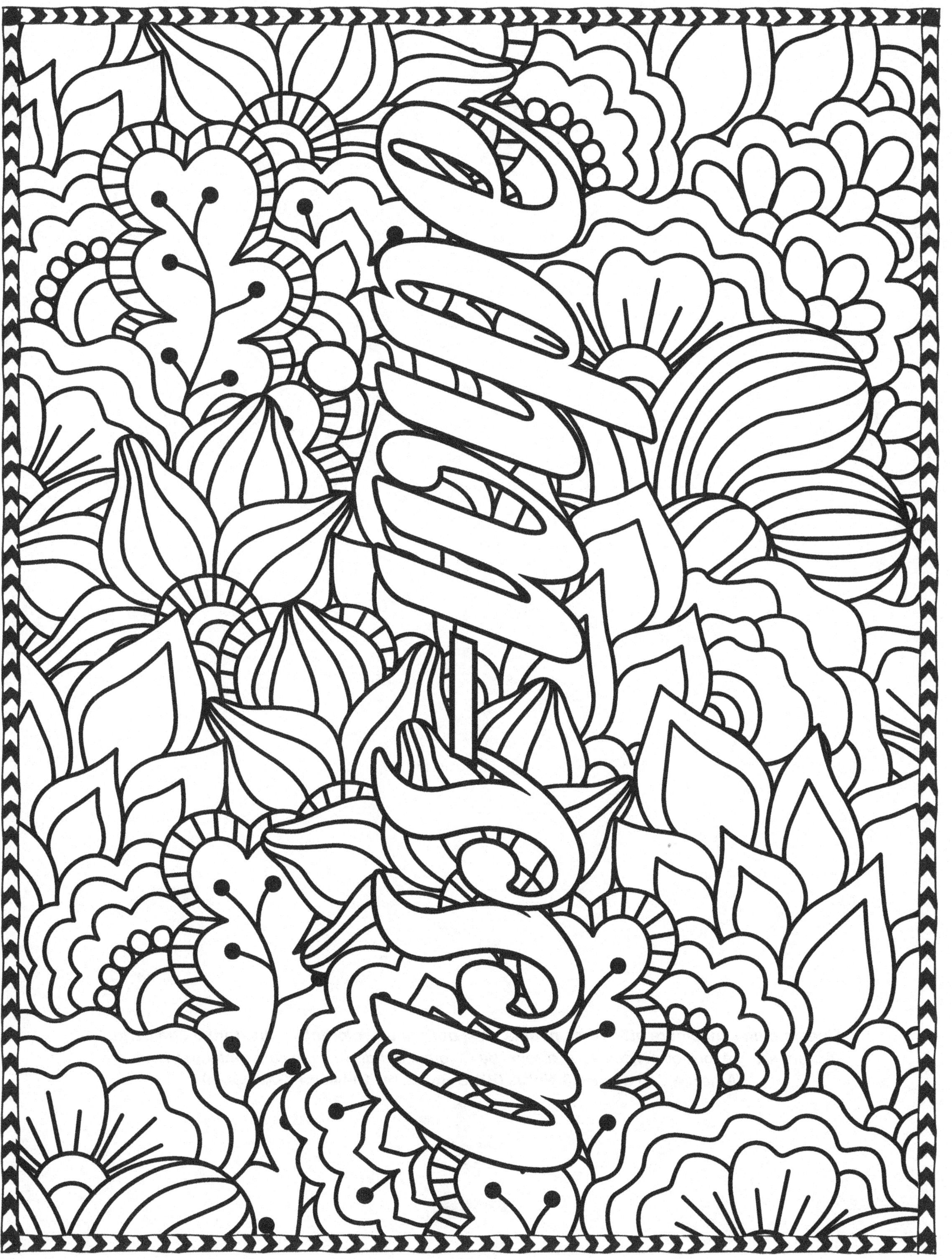

Questo è un sanguinare attraverso pagina se si utilizza un colorante indicatore o una penna!

Trovare altri grandi titoli di ricerca per disegni da Colorare Bandit su Il tuo libro preferito rivenditore

Amazon.Ca | Barnes & Noble (BN.Com) | Libri 1 Milione (BAM.Com)

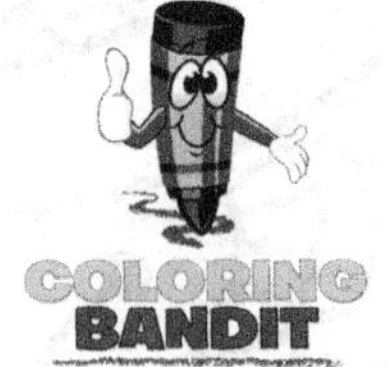

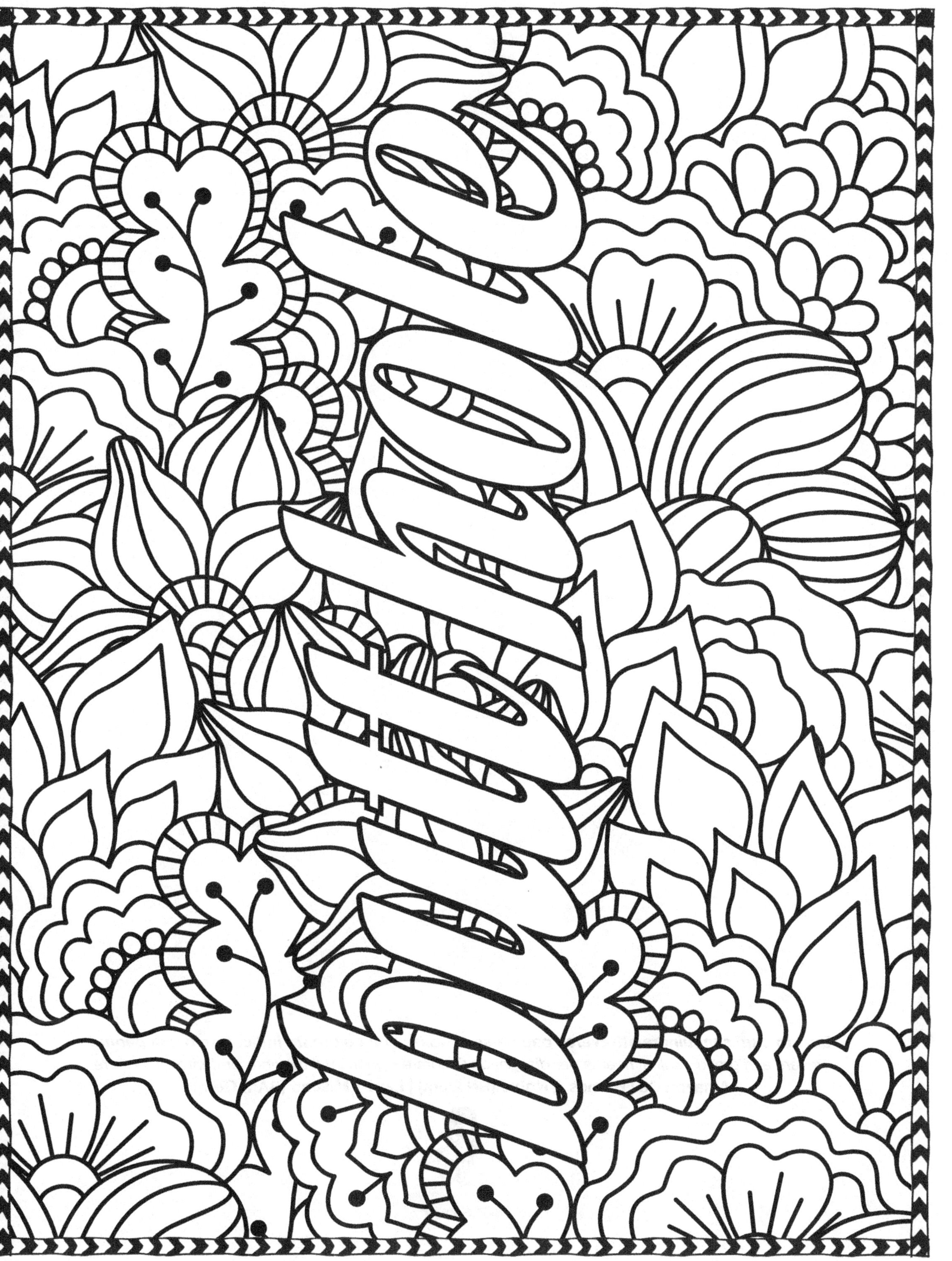

Questo è un sanguinare attraverso pagina se si utilizza un colorante indicatore o una penna!

Trovare altri grandi titoli di ricerca per disegni da Colorare Bandit su Il tuo libro preferito rivenditore

Amazon.Ca | Barnes & Noble (BN.Com) | Libri 1 Milione (BAM.Com)

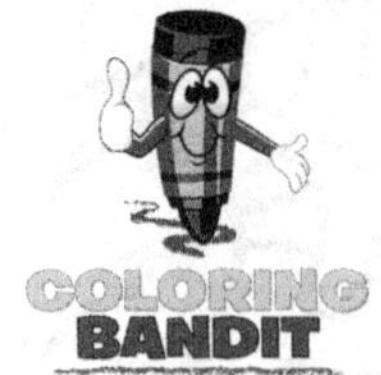

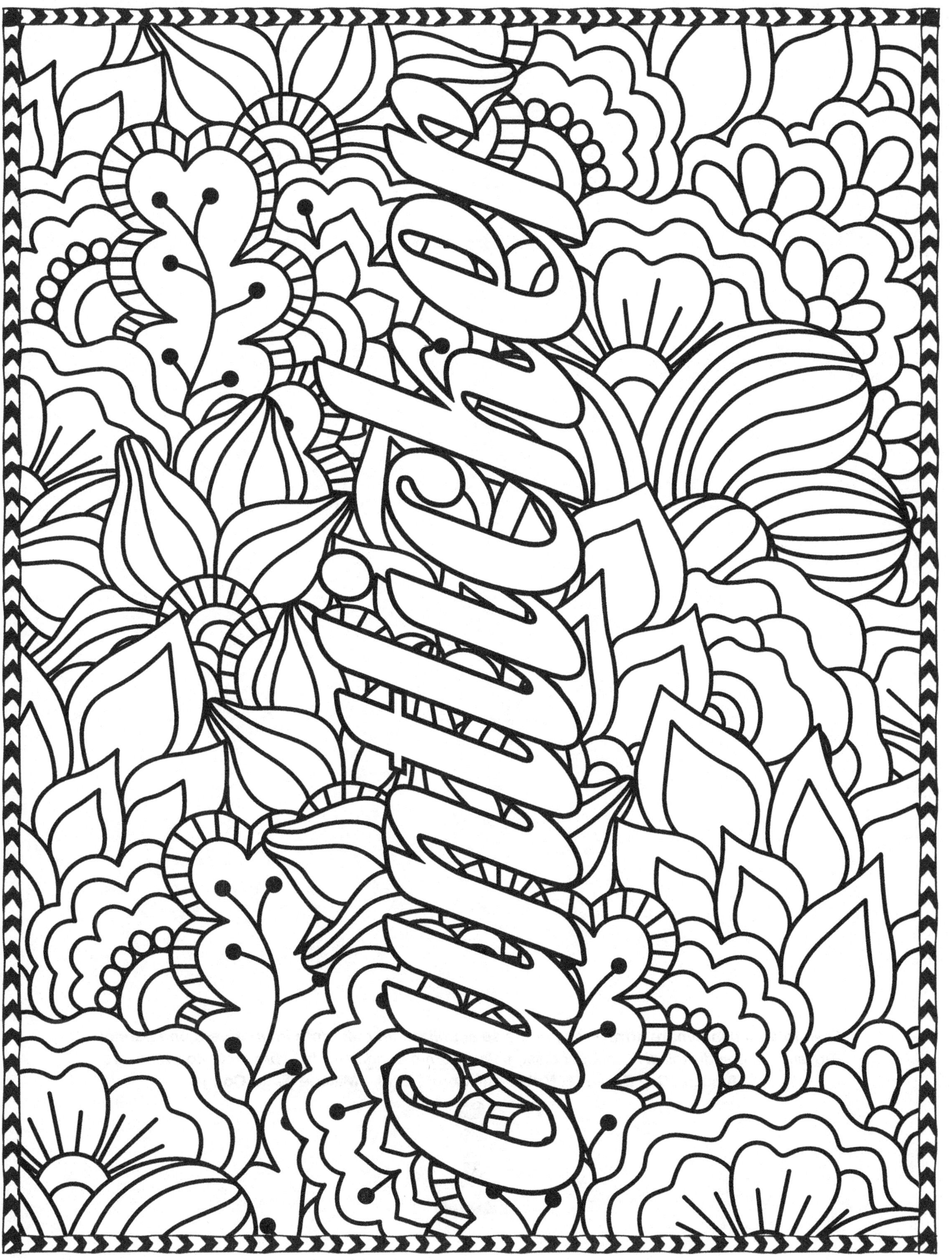

Questo è un sanguinare attraverso pagina se si utilizza un colorante indicatore o una penna!

Trovare altri grandi titoli di ricerca per disegni da <u>Colorare Bandit</u> *su Il tuo libro preferito rivenditore*

Amazon.Ca | Barnes & Noble (BN.Com) | Libri 1 Milione (BAM.Com)

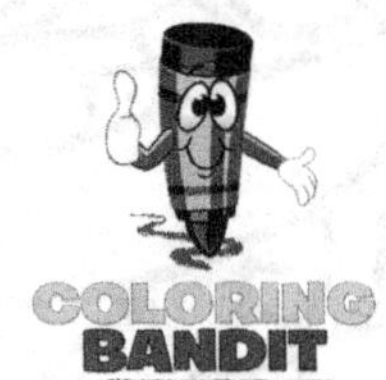

COLORING
BANDIT

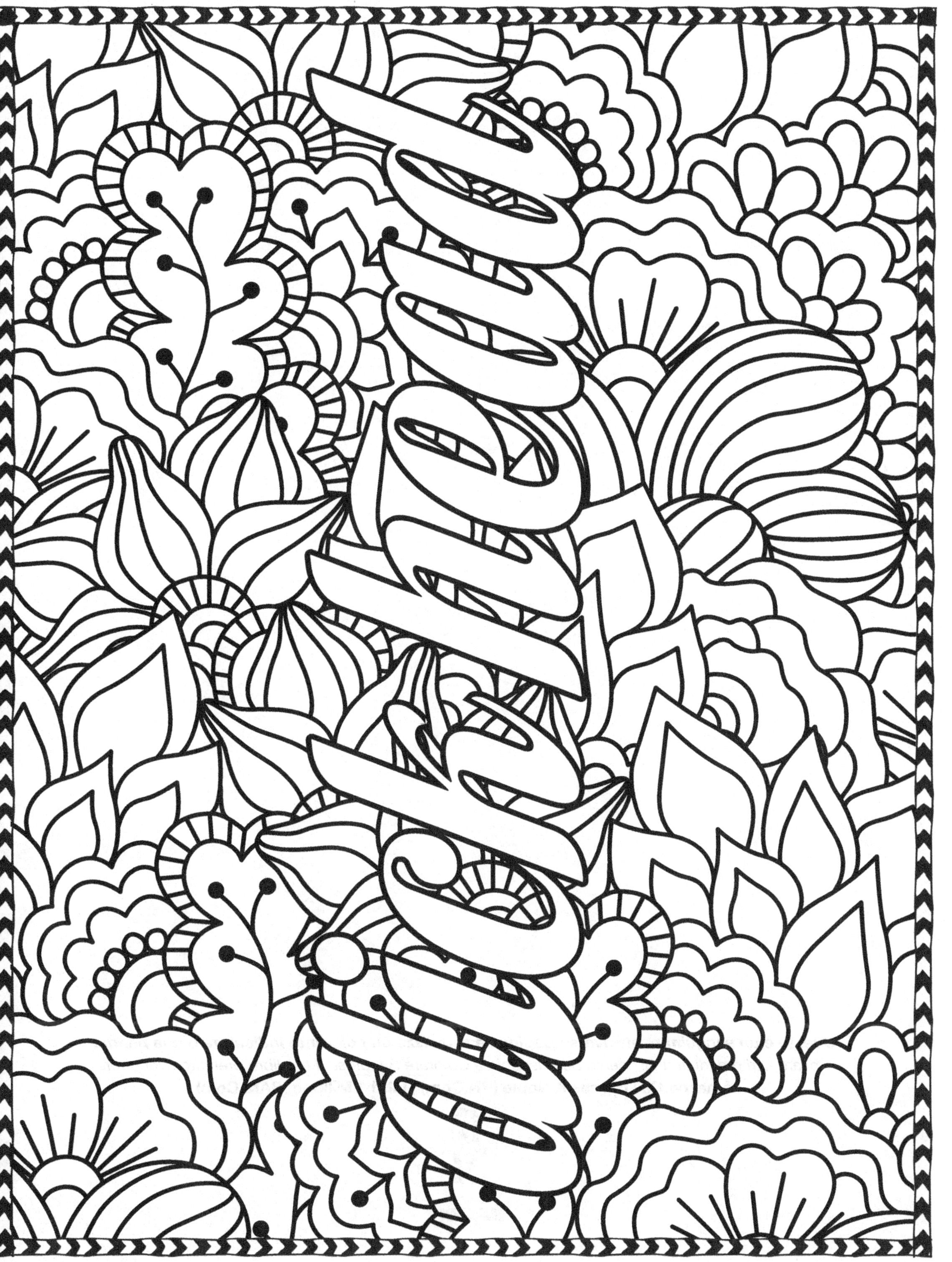

Questo è un sanguinare attraverso pagina se si utilizza un colorante indicatore o una penna!
Trovare altri grandi titoli di ricerca per disegni da Colorare Bandit su Il tuo libro preferito rivenditore
Amazon.Ca | Barnes & Noble (BN.Com) | Libri 1 Milione (BAM.Com)

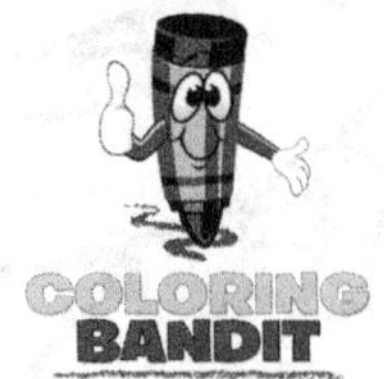

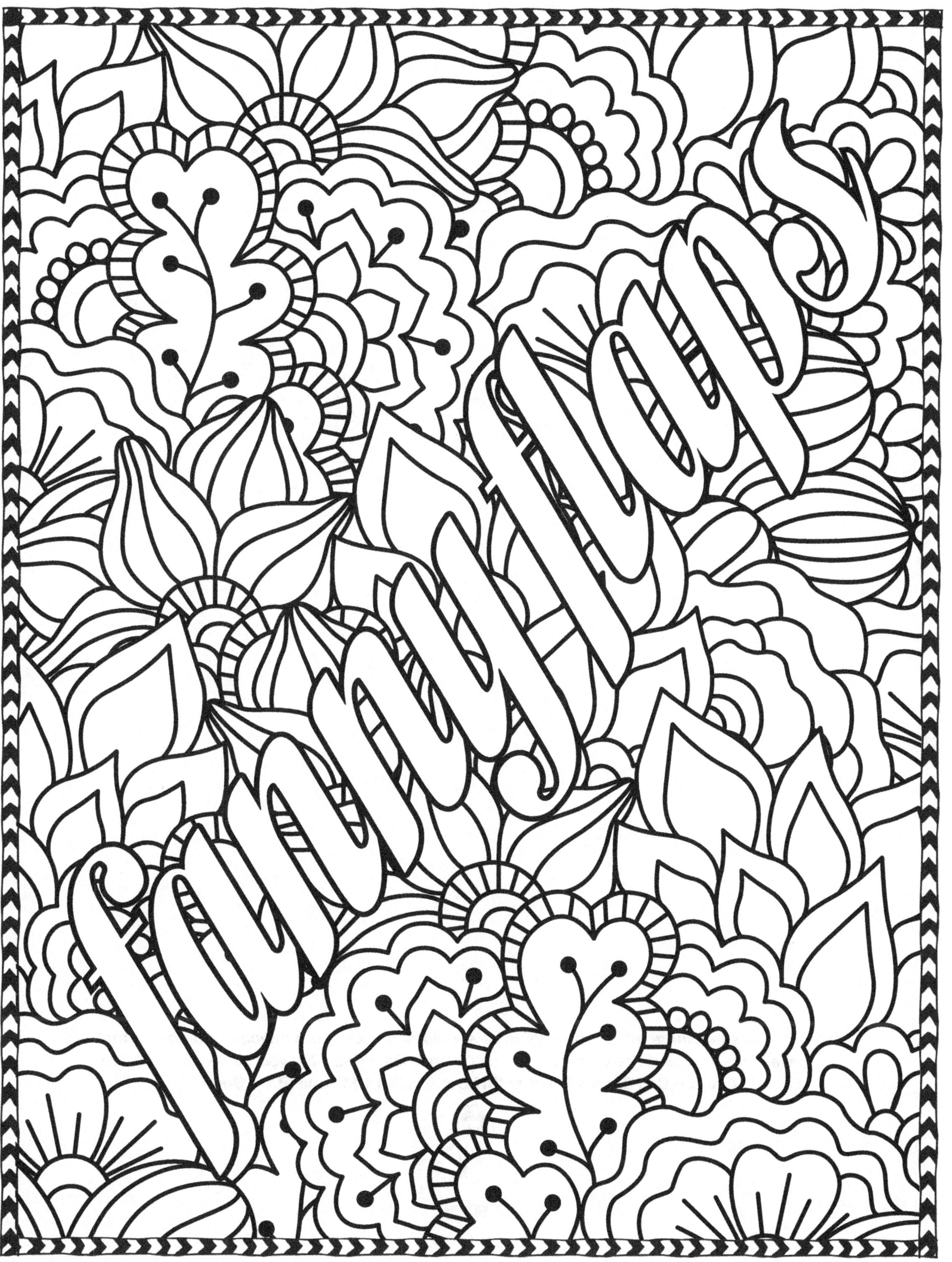

Questo è un sanguinare attraverso pagina se si utilizza un colorante indicatore o una penna!

Trovare altri grandi titoli di ricerca per disegni da Colorare Bandit su Il tuo libro preferito rivenditore

Amazon.Ca | Barnes & Noble (BN.Com) | Libri 1 Milione (BAM.Com)

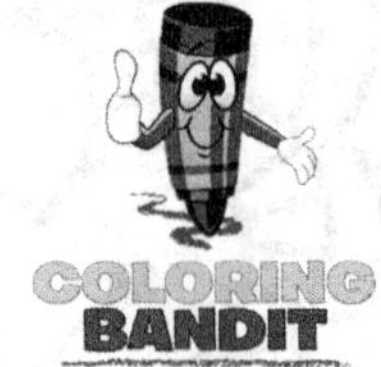

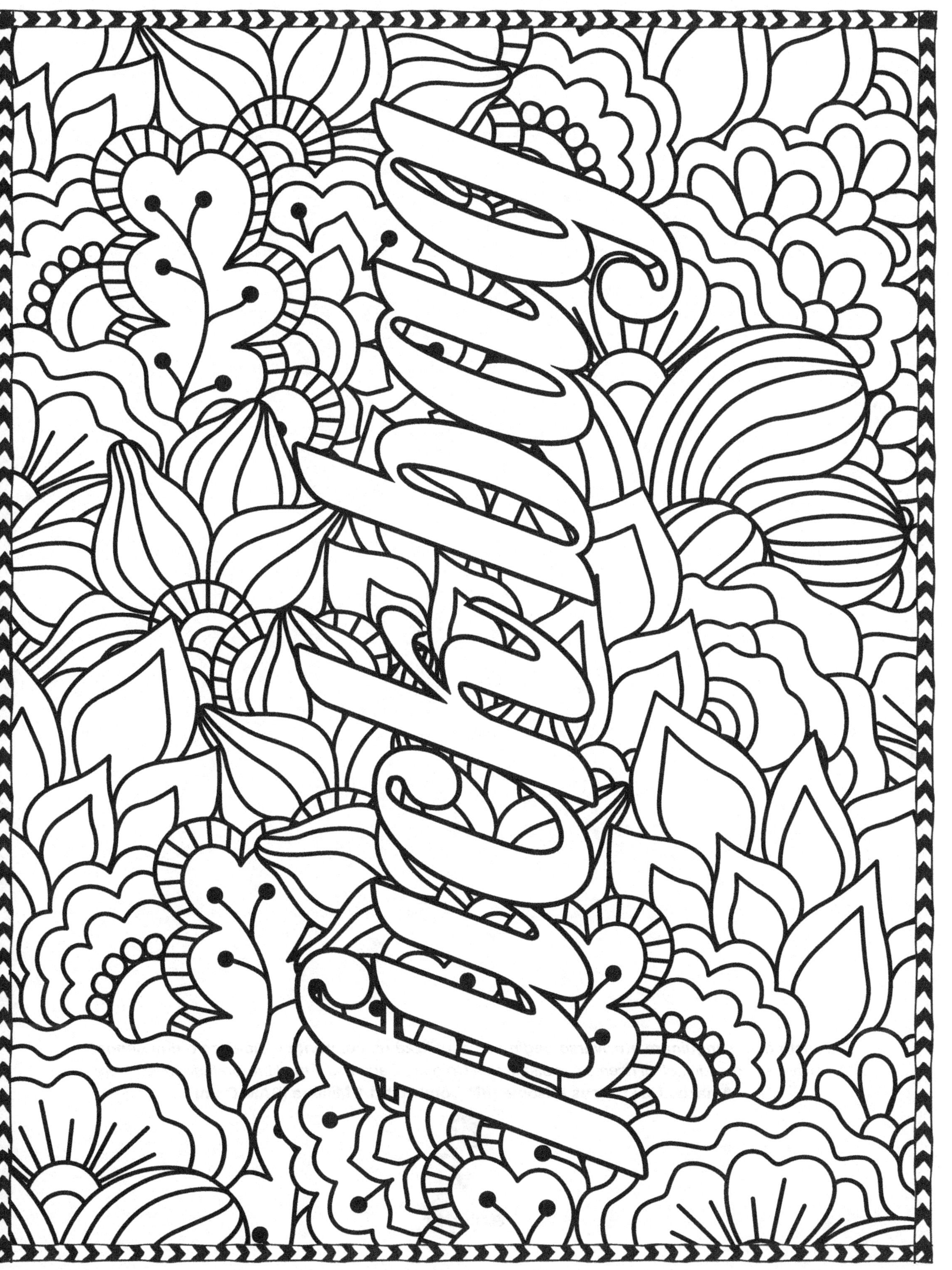

Questo è un sanguinare attraverso pagina se si utilizza un colorante indicatore o una penna!

Trovare altri grandi titoli di ricerca per disegni da <u>Colorare Bandit</u> *su Il tuo libro preferito rivenditore*

Amazon.Ca | Barnes & Noble (BN.Com) | Libri 1 Milione (BAM.Com)

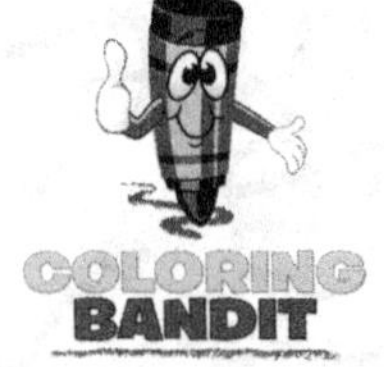

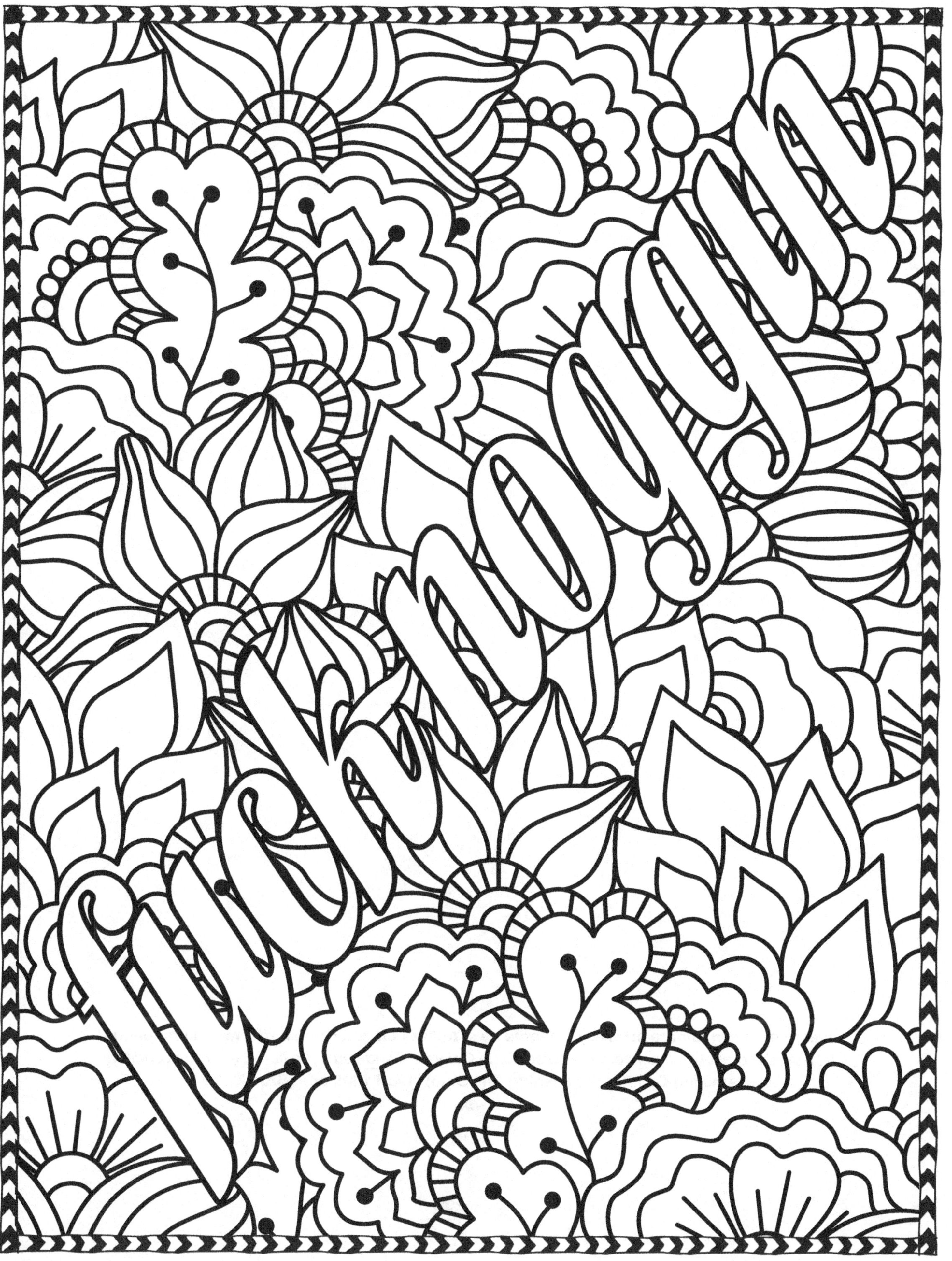

fuck noggyuo

Questo è un sanguinare attraverso pagina se si utilizza un colorante indicatore o una penna!

Trovare altri grandi titoli di ricerca per disegni da Colorare Bandit su Il tuo libro preferito rivenditore

Amazon.Ca | Barnes & Noble (BN.Com) | Libri 1 Milione (BAM.Com)

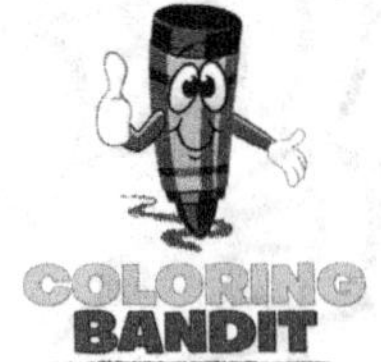

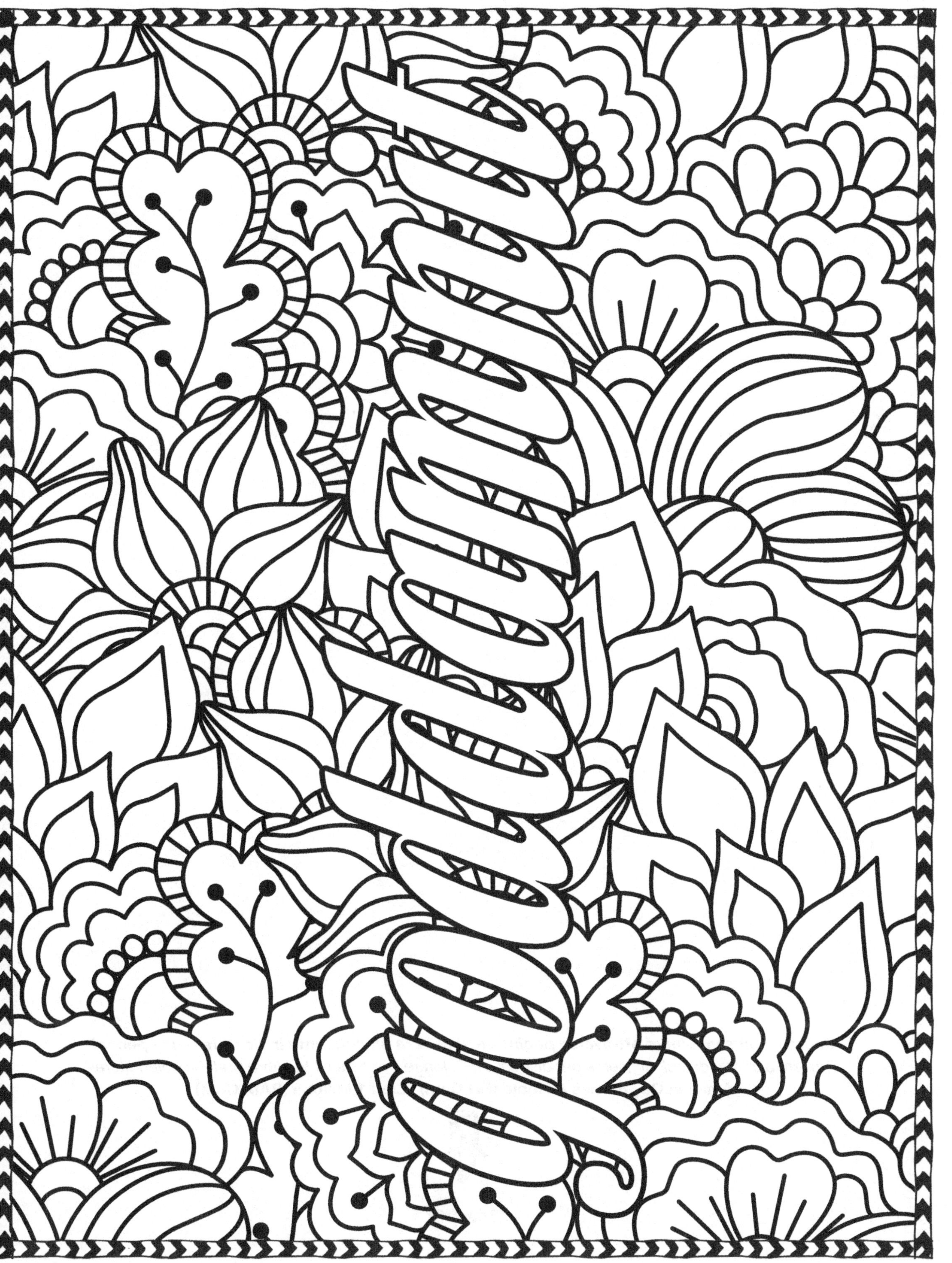

Questo è un sanguinare attraverso pagina se si utilizza un colorante indicatore o una penna!

Trovare altri grandi titoli di ricerca per disegni da <u>Colorare Bandit</u> su Il tuo libro preferito rivenditore

Amazon.Ca | Barnes & Noble (BN.Com) | Libri 1 Milione (BAM.Com)

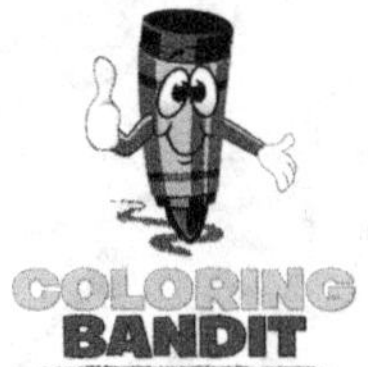

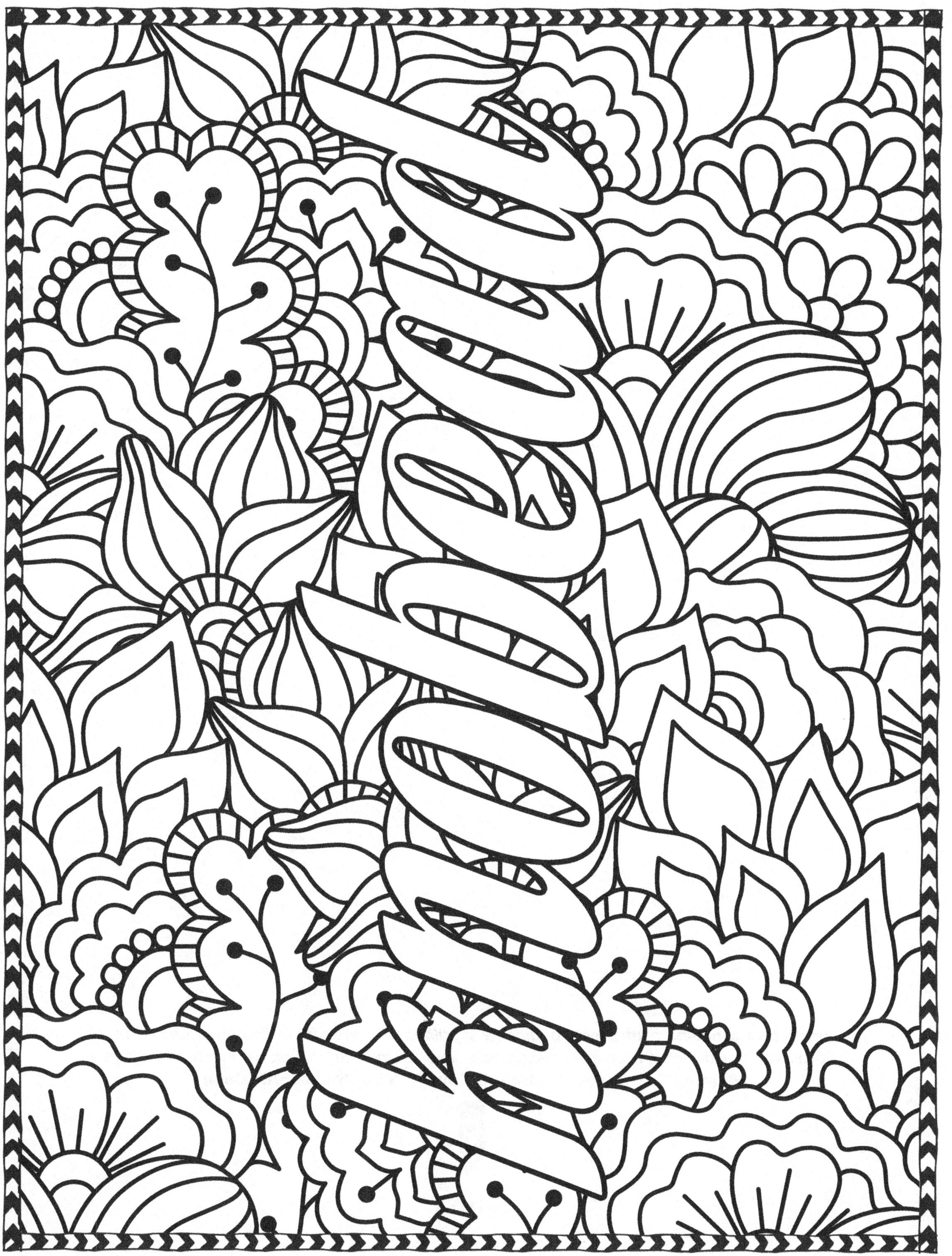

Questo è un sanguinare attraverso pagina se si utilizza un colorante indicatore o una penna!
Trovare altri grandi titoli di ricerca per disegni da Colorare Bandit su Il tuo libro preferito rivenditore
Amazon.Ca | Barnes & Noble (BN.Com) | Libri 1 Milione (BAM.Com)

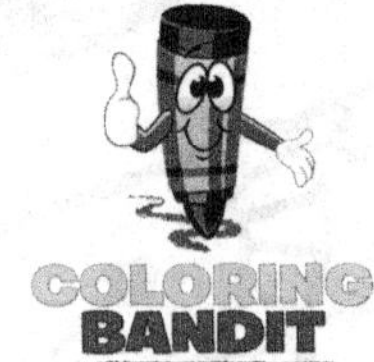

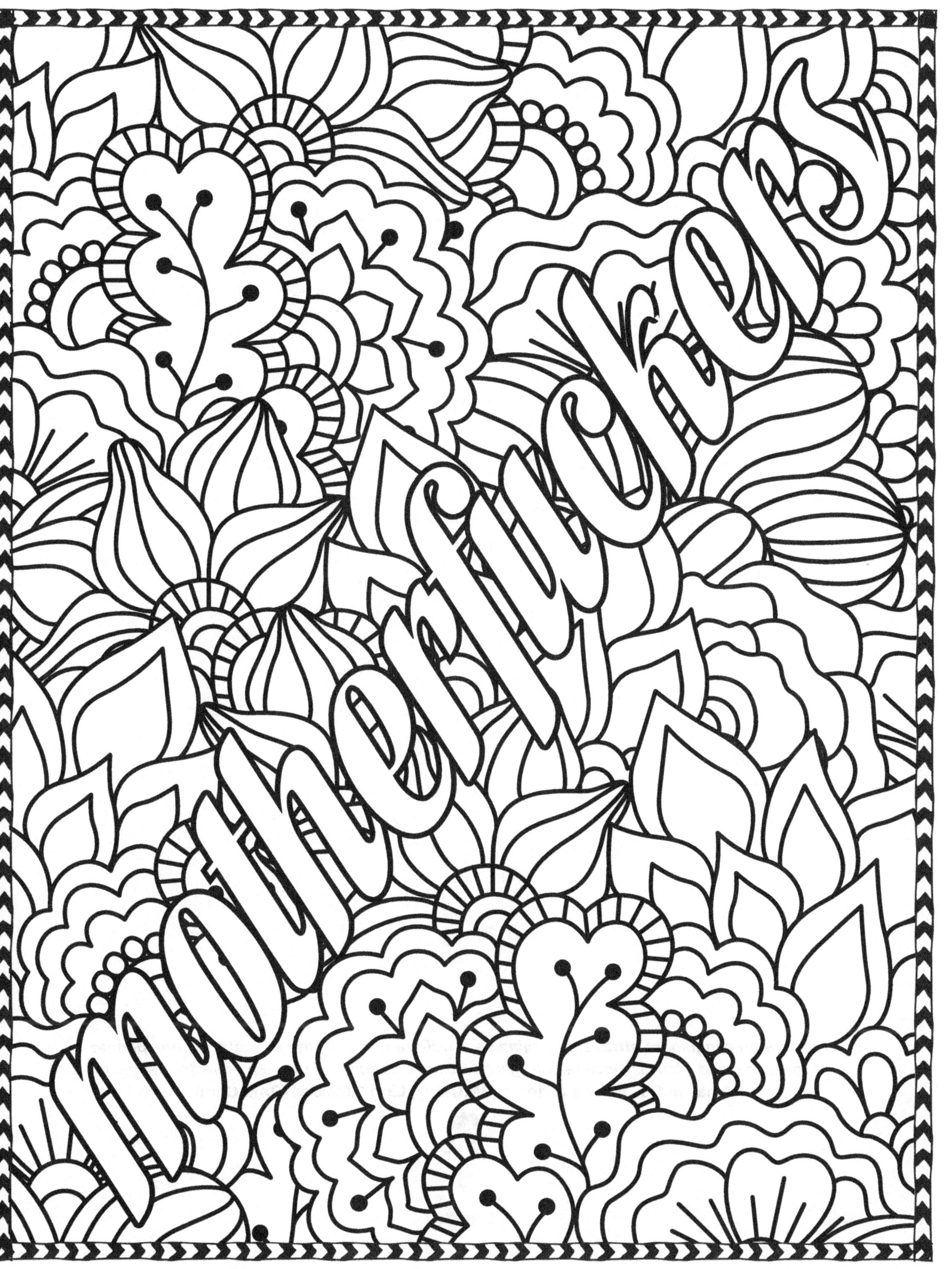

motherfuckers

Questo è un sanguinare attraverso pagina se si utilizza un colorante indicatore o una penna!

Trovare altri grandi titoli di ricerca per disegni da Colorare Bandit su Il tuo libro preferito rivenditore

Amazon.Ca | Barnes & Noble (BN.Com) | Libri 1 Milione (BAM.Com)

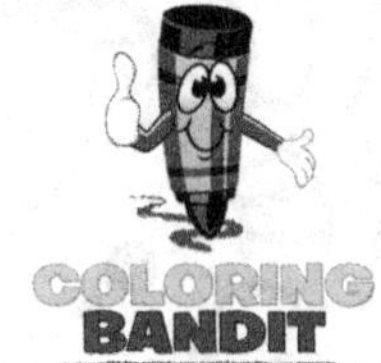

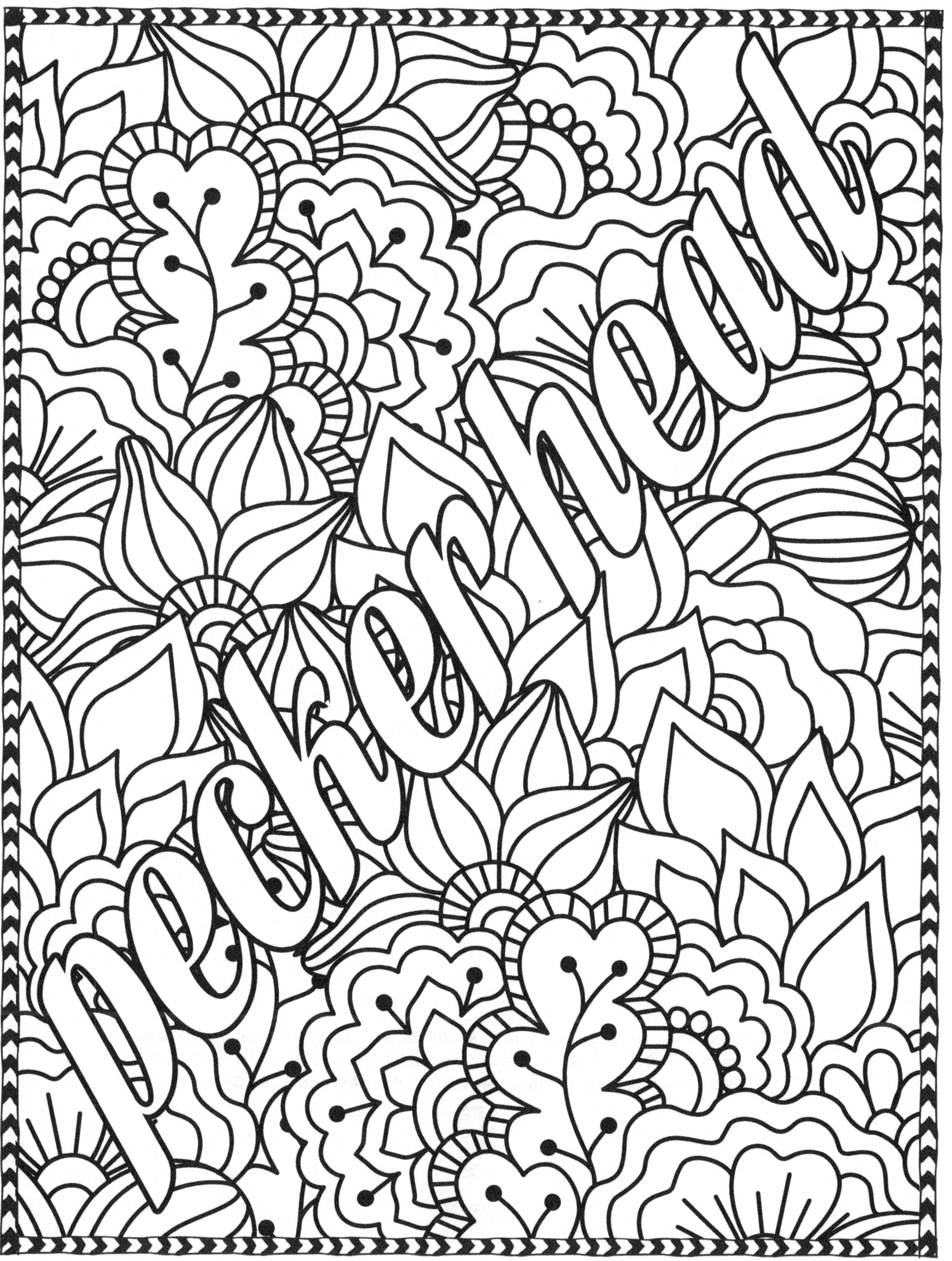
peckerhead

Questo è un sanguinare attraverso pagina se si utilizza un colorante indicatore o una penna!
Trovare altri grandi titoli di ricerca per disegni da Colorare Bandit su Il tuo libro preferito rivenditore
Amazon.Ca | Barnes & Noble (BN.Com) | Libri 1 Milione (BAM.Com)

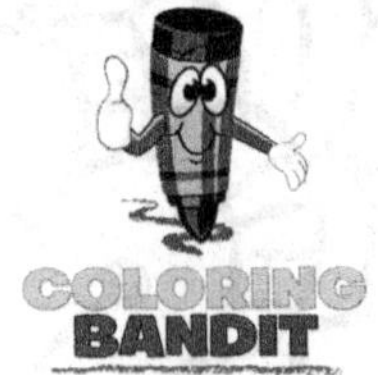

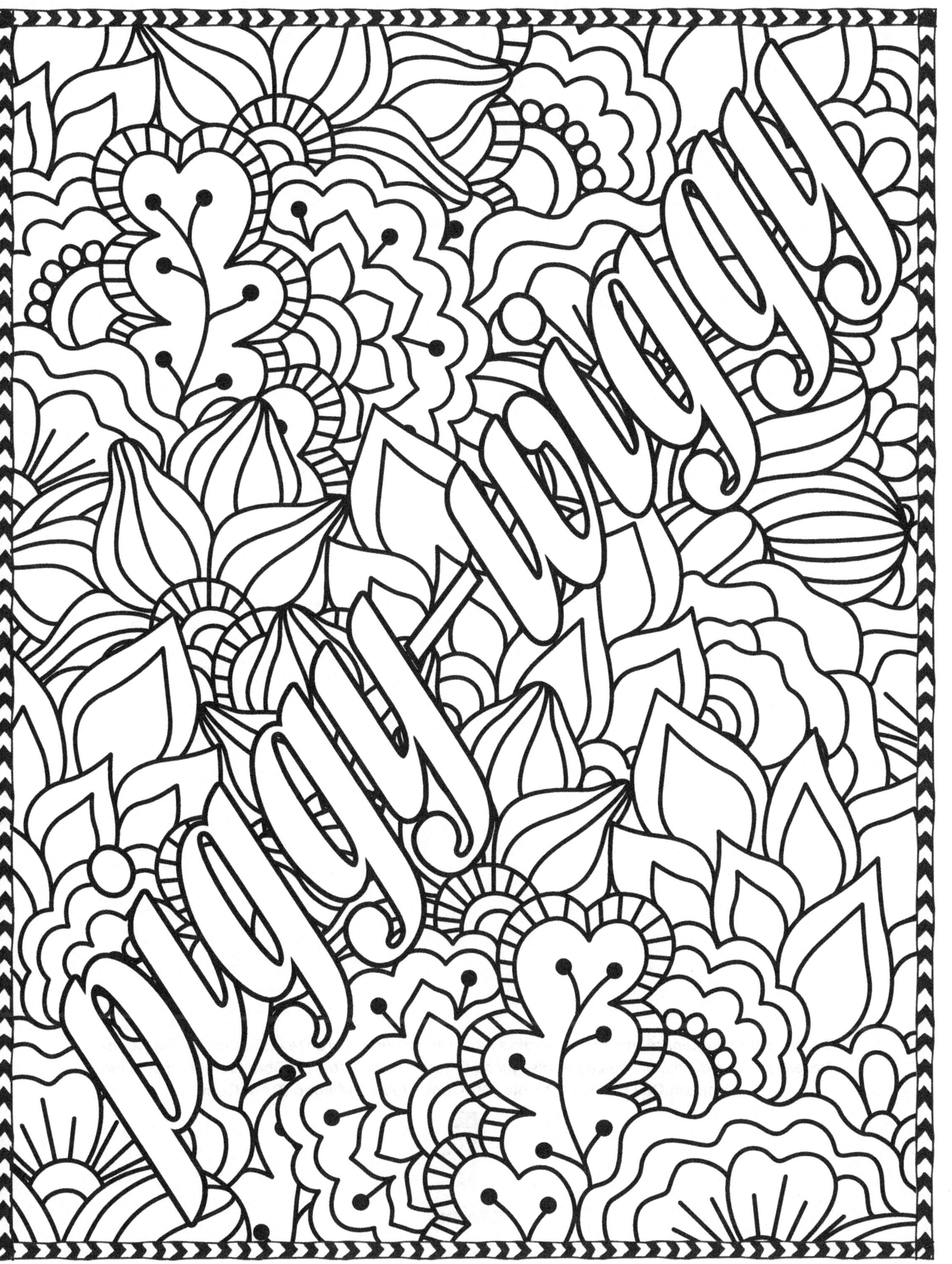

Questo è un sanguinare attraverso pagina se si utilizza un colorante indicatore o una penna!
Trovare altri grandi titoli di ricerca per disegni da Colorare Bandit su Il tuo libro preferito rivenditore
Amazon.Ca | Barnes & Noble (BN.Com) | Libri 1 Milione (BAM.Com)

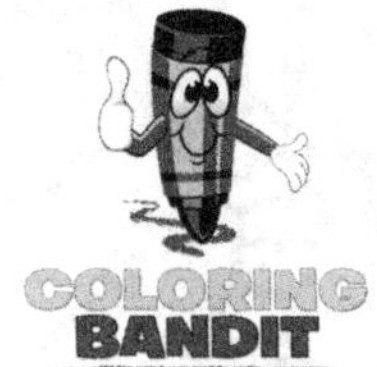

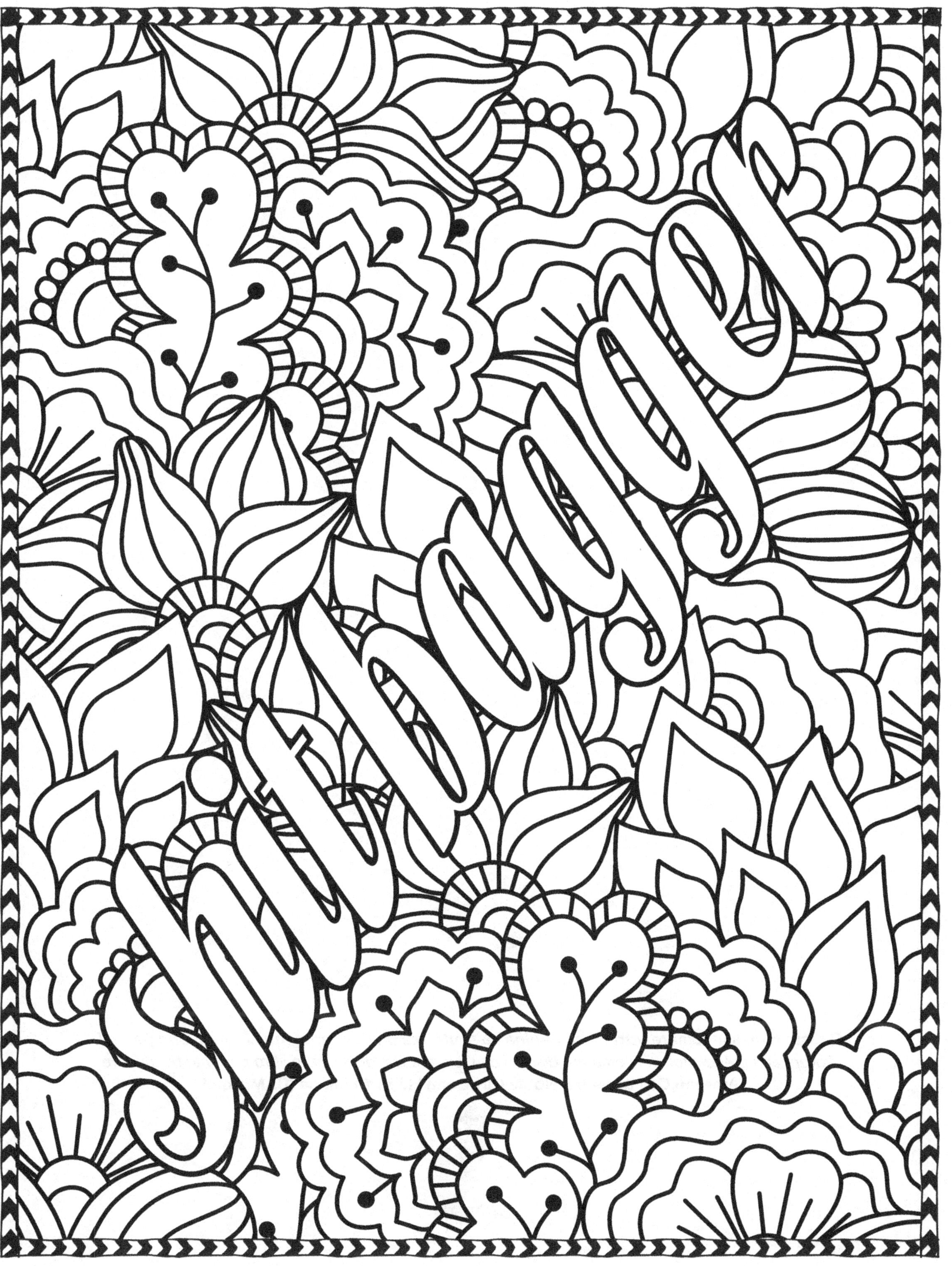

Questo è un sanguinare attraverso pagina se si utilizza un colorante indicatore o una penna!
Trovare altri grandi titoli di ricerca per disegni da <u>Colorare Bandit</u> su Il tuo libro preferito rivenditore
Amazon.Ca | Barnes & Noble (BN.Com) | Libri 1 Milione (BAM.Com)

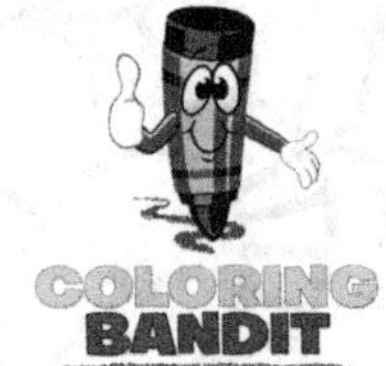

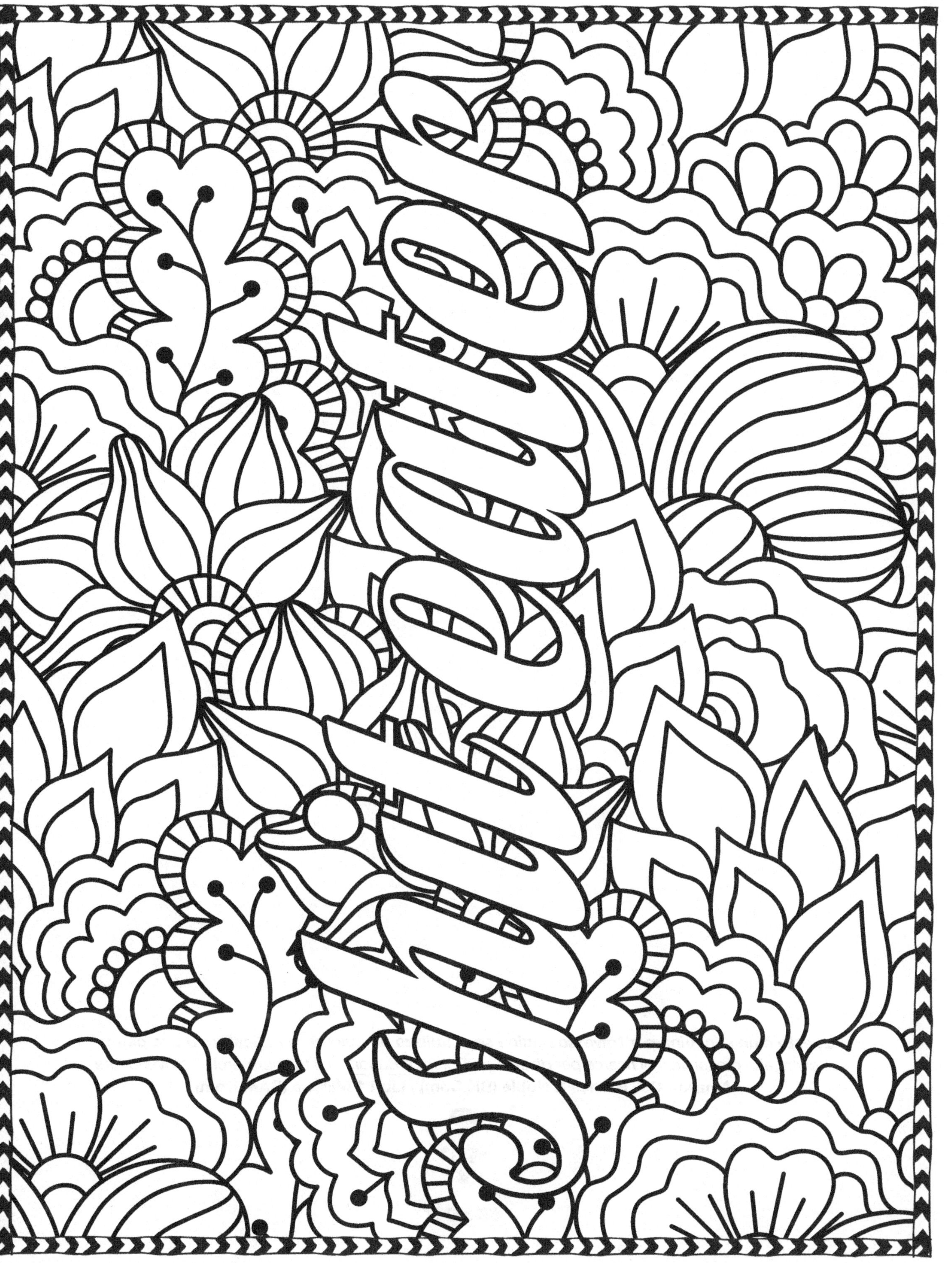

Questo è un sanguinare attraverso pagina se si utilizza un colorante indicatore o una penna!
Trovare altri grandi titoli di ricerca per disegni da Colorare Bandit su Il tuo libro preferito rivenditore
Amazon.Ca | Barnes & Noble (BN.Com) | Libri 1 Milione (BAM.Com)

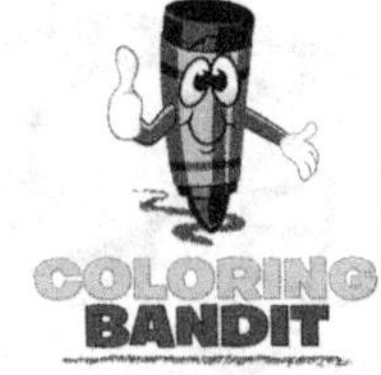

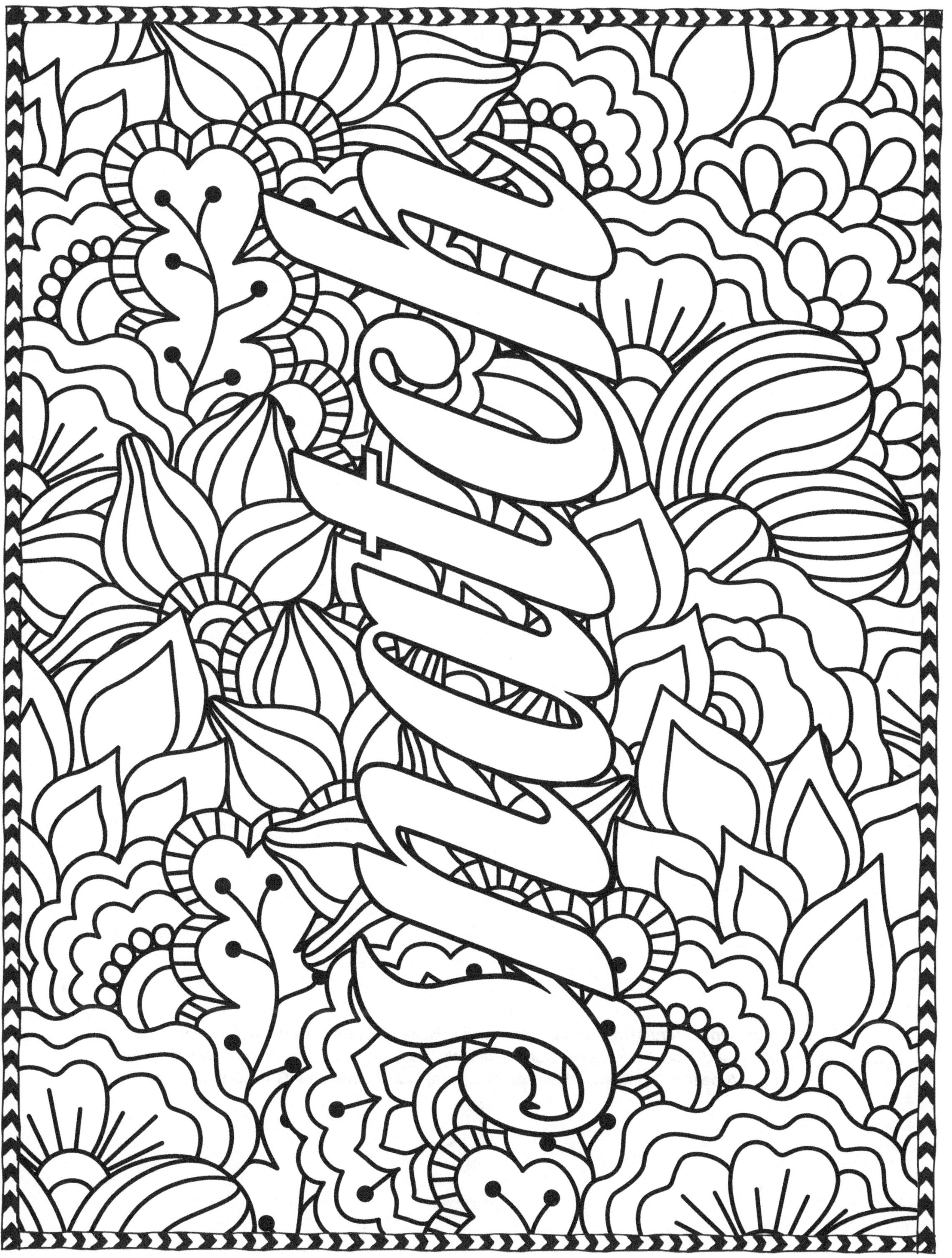

Questo è un sanguinare attraverso pagina se si utilizza un colorante indicatore o una penna!
Trovare altri grandi titoli di ricerca per disegni da *Colorare Bandit* su Il tuo libro preferito rivenditore
Amazon.Ca | Barnes & Noble (BN.Com) | Libri 1 Milione (BAM.Com)

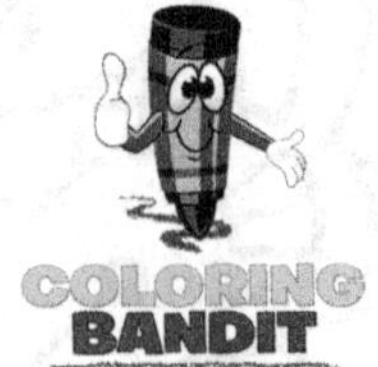

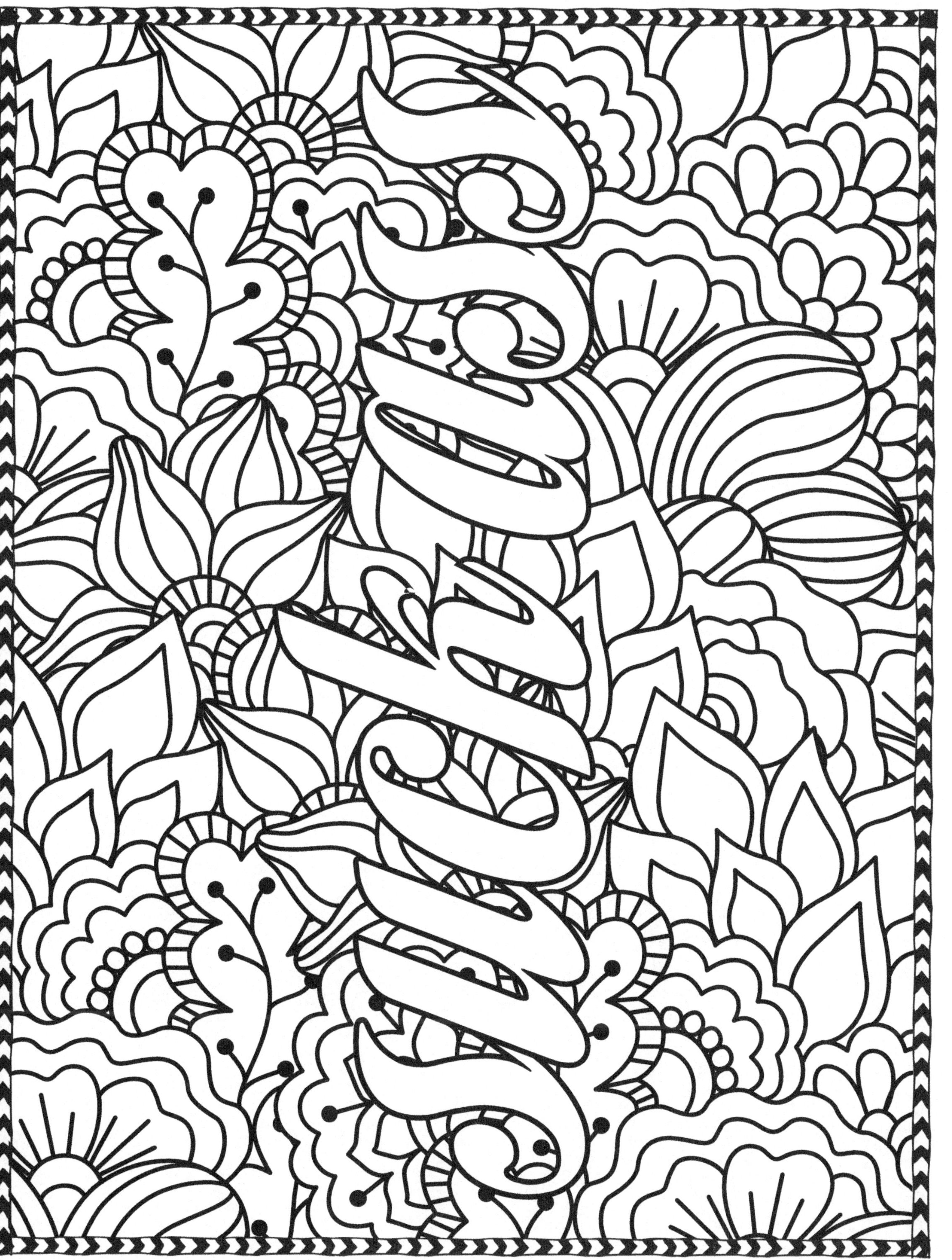

Made in the USA
Monee, IL
07 July 2026

56546054R00059